AF602428

UNE

VICTIME VOLONTAIRE

NOTICE

SUR

MARIE-ANTOINETTE DUCHEMIN

PAR

L'ABBÉ GOUNELLE

PRÉCÉDÉE DE LETTRES

DE MONSEIGNEUR L'ÉVÊQUE DE LIMOGES, DE MONSEIGNEUR L'ÉVÊQUE DE NANCY ET DE TOUL
ET DE MONSEIGNEUR L'ÉVÊQUE D'ANNECY

> Il fallait qu'elle mourût dans la fleur de l'âge et de la grâce... parce qu'il n'y avait que cette mort qui pût ajouter à sa couronne.
>
> (P. LACORDAIRE.)

PARIS
TYPOGRAPHIE DE E. PLON ET Cie
RUE GARANCIÈRE, 8

1880

UNE

VICTIME VOLONTAIRE

MARIE-ANTOINETTE DUCHEMIN

PARIS TYPOGRAPHIE DE E. PLON ET Cie, 8, RUE GARANCIÈRE.

UNE

VICTIME VOLONTAIRE

NOTICE

SUR

MARIE-ANTOINETTE DUCHEMIN

PAR

L'ABBÉ GOUNELLE

PRÉCÉDÉE DE LETTRES

DE MONSEIGNEUR L'ÉVÊQUE DE LIMOGES, DE MONSEIGNEUR L'ÉVÊQUE DE NANCY ET DE TOUL ET DE MONSEIGNEUR L'ÉVÊQUE D'ANNECY

> Il fallait qu'elle mourût dans la fleur de l'âge et de la grâce... parce qu'il n'y avait que cette mort qui pût ajouter à sa couronne.
>
> (P. LACORDAIRE.)

PARIS
TYPOGRAPHIE DE E. PLON ET Cie
RUE GARANCIÈRE, 8

1880

LETTRES

Adressées à l'auteur par Leurs Grandeurs Nosseigneurs les Évêques de Limoges, de Nancy et de Toul, et d'Annecy.

ÉVÊCHÉ
de
LIMOGES
—

Limoges, le 20 novembre 1879.

CHER MONSIEUR GOUNELLE,

Ces jours-ci, par une voie très-sûre, votre précieux manuscrit sera remis à votre domicile.

Non, je ne peux rendre le ravissement de mon âme en lisant ces pages que l'on dirait empruntées à la vie intime d'un séraphin. Jamais, nulle part, je n'avais vu et pris sur le vif cette sainte passion de l'amour divin comme dans cette lecture. Ah! ce que Marie exprime, ce qui s'exhale de son cœur me touche cent fois, mille fois plus que le récit des extases ou des dons extraordinaires qu'on lit dans la vie de certains saints. Je trouve en cette enfant tous les caractères de la perfection la plus consommée, tant il est vrai que l'amour transfigure tout et agrandit tout. Jusqu'à cette bonté qui vous paraît excessive, moi je trouve que c'était une conséquence de l'état de cette âme privilégiée. Enfin, pour moi, cette jeune fille me paraît une des merveilles de l'amour divin.

Que ne m'est-il donné de lui ressembler un tout petit peu?

Cette lecture me rend confus et honteux de moi-même; mais aussi elle ranime ma vieillesse; je sens qu'elle me communique des ardeurs inconnues jusqu'ici.

Dites bien à notre bonne demoiselle Sophie en quelle vénération je tiens sa fille chérie; dites-lui que je ne peux la consoler, mais que je la félicite d'avoir été l'un des instruments de Dieu dans la formation de cette âme angélique.

Et vous, cher Monsieur l'Abbé, vous avez été aussi un instrument, et de premier ordre. Je vous envie les ineffables jouissances d'une telle direction; vous en souhaiter d'autres semblables, c'est presque impossible.

A vous de cœur en Notre-Seigneur.

† ALFRED,
Évêque de Limoges.

ÉVÊCHÉ
de
NANCY ET DE TOUL

Nancy, 28 septembre 1879.

CHER MONSIEUR GOUNELLE,

J'achève la lecture de votre très-édifiant manuscrit; elle me laisse une bien suave impression. Je vous remercie de me l'avoir donnée; elle sera partagée par tous ceux qui vous liront.

Ai-je eu l'occasion de voir mademoiselle Marie Duchemin le jour où je suis venu à la pension? Je ne me le rappelle pas; mais quelle belle âme! et que j'aurais voulu la connaître! Vous racontez, du reste, l'histoire de cette âme avec un véritable charme, et un accent de piété qui s'accorde avec le sujet.

Bien affectueusement à vous.

† JOSEPH,
Évêque de Nancy.

ÉVÊCHÉ
D'ANNECY

Annecy, 12 octobre 1879,
Fête de la Maternité de la B. V. Marie.

CHER AMI,

J'ai lu avec une constante émotion la Vie de Marie-Antoinette Duchemin, que vous avez bien voulu me faire tenir. J'interrompais cette lecture pour rendre grâces à

Dieu de ce qu'Il ne cesse de donner à son Église de ces âmes que saluait avec amour notre adorable Sauveur, lorsqu'Il disait : « Père, Seigneur du ciel et de la terre, je vous « glorifie parce que vous avez tenu ces choses cachées aux « sages et aux habiles, et que vous les avez découvertes « devant les petits. » Je le remerciais encore à la pensée des joies, des saintes énergies, des nobles ambitions que la lecture de ces quelques pages va éveiller et enflammer dans les cœurs.

Il ne tiendra pas à moi que ce livre ne soit lu et médité par toutes nos Enfants de Marie, et aussi par ces âmes si nombreuses qui sentent au plus intime d'elles-mêmes les premières ardeurs du zèle de la gloire de Dieu, mais les laissent tristement languir et s'éteindre.

Cette chère grande âme appartenait par le désir à l'Ordre de la Visitation ; l'objet de sa dévotion première était le Sacré-Cœur ; elle voulait conquérir pour son Maître ; elle a offert sa vie pour l'Église ; à tous ces titres, ce diocèse d'Annecy lui doit le respect, la reconnaissance et l'amour. Car la Visitation est l'ordre du Sacré-Cœur, et l'Apostolat par le Sacré-Cœur compte en son sein de nombreux et fervents ouvriers. Le dirai-je ? En lisant quel est le jour où Dieu a rappelé à Lui sa servante, j'ai été frappé de la pensée qu'en ce même jour, et presque à ce moment, le nouvel Évêque d'Annecy revêtait les ornements pontificaux dans l'église du premier monastère de la Visitation, auprès des Corps saints de ses Fondateurs, puis quittait ce sanctuaire pour aller prendre possession de la Cathédrale de saint François de Sales. J'aime à espérer que Dieu, dans sa miséricorde, lui aura donné quelque part aux grâces que la douce et pieuse victime sollicitait alors pour la sainte Église et pour les pauvres pécheurs.

Que cette même miséricorde infinie vous récompense, mon cher et vieil ami, pour ce nouveau service que vous venez de rendre au peuple fidèle.

Je suis, en Notre-Seigneur et sa Sainte Mère, votre très-affectionné

† Louis,
Évêque d'Annecy.

UNE

VICTIME VOLONTAIRE

MARIE-ANTOINETTE DUCHEMIN

Il est des âmes qui, sans avoir occupé une place bien vaste en ce monde, sans avoir eu l'occasion d'y accomplir de grandes œuvres, ni même avoir atteint le terme ordinaire de l'existence humaine, n'en ont pas moins laissé une mémoire bénie. Quand la mort, une mort prématurée, vient à les frapper, ce n'est que pieux regrets, soupirs, larmes, non-seulement parmi leurs proches, mais au sein du petit cercle où elles ont vécu et brillé d'un modeste éclat. Il se produit même à leurs funérailles un phénomène singulier : aussi cachées et aussi obscures que possible durant leur courte carrière, elles semblent alors se révéler tout à coup au public; et parents et amis s'étonnent des témoignages de sympathie attendrie donnés à leur douleur par la masse des étrangers et des inconnus. Malgré l'épaisseur du voile dont l'humilité de ces âmes cherchait à se couvrir, le ciel n'a pas permis que la umière restât cachée sous le boisseau, et, bien qu'enfouies au plus profond des fourrés, les fleurs que la grâce avait fait germer en elles se sont trahies par leur parfum. Ou, pour parler sans figure, disciples fidèles de Jésus doux et humble, il s'est fait en leur faveur une application littérale de la parole évangélique : *Bienheureux les cœurs doux, parce qu'ils posséderont la terre.*

Quiconque a un peu connu celle dont nous avons entrepris d'esquisser le portrait moral peut dire si cette béatitude lui convenait. C'est donc entrer dans les desseins de Dieu à son égard que de la tirer de l'ombre d'où, vivante, elle n'aurait jamais voulu sortir; et l'heure nous semble venue, en dépit de la mort, ou plutôt grâce à elle, de placer l'humble lampe sur un candélabre qui, sans être trop élevé, l'aide à luire.

Aussi bien, Marie elle-même à cette heure ne contredirait pas à la révélation des trésors cachés déposés par Dieu en elle avec une si grande profusion. Quoique à la fleur de l'âge encore et d'ailleurs condamnée à l'impuissance tant par son sexe que par une timidité naturelle, elle avait un ardent amour pour les âmes, et la passion de leur être à toutes secourable. N'est-ce pas elle qui écrivait un jour ces belles paroles : « Donnez-moi de faire un peu de bien dans ma vie, ô Jésus ! et quand je n'aurais fait comprendre qu'à une seule âme combien vous êtes aimable, je m'estimerais mille fois heureuse [1]. » C'est elle encore qui, s'exprimant en ces termes enflammés, disait : « J'ai

[1] *Sentiments de retraite*, année 1875.

demandé au bon Dieu l'amour de tout ce qui souffre, mais surtout l'amour des âmes, de ces âmes qui ont causé la soif brûlante de Jésus sur la croix. Oh! que je voudrais avoir pour les âmes l'amour qu'ont eu tous les saints, l'amour de tous ceux qui sacrifient leur patrie, leur famille, leurs amis, pour s'en aller au loin gagner des âmes! O mon Dieu! procurer à une seule âme rachetée par votre sang divin le bonheur de vous aimer, quelle ineffable joie et quelle magnifique récompense, quand on devrait acheter cette récompense et cette joie par toute une vie de douleurs! O mon doux Jésus! je vous en conjure, consumez mon âme de cette sainte passion; que toute ma vie soit consacrée, soit usée, s'il le faut, à essayer de faire du bien aux âmes malgré les obstacles que je pourrai rencontrer. Faites-moi participer à cette soif mystérieuse que vous éprouviez au Calvaire; que j'aie soif de répandre autour de moi la lumière et l'amour que vous me donnez avec tant d'abondance; que ma devise, mon mot d'ordre soit : Donner Jésus aux âmes, donner des âmes à Jésus, le plus d'âmes possible, à quelque prix que ce soit[1] ! »

Le temps, les circonstances et d'autres conditions encore ayant manqué à la pieuse jeune fille pour le saint apostolat qu'elle rêvait, nous ne faisons que lui donner les moyens de réaliser du haut du ciel son beau rêve, en l'offrant elle-même, sinon toujours comme exemple, du moins comme objet d'admiration

[1] *Sentiments de retraite.*

aux enfants de Marie et à toute chrétienne éprise de la perfection. Nous citerons le plus souvent que nous pourrons ses paroles; nous en parfumerons notre récit toutes les fois que l'occasion s'en présentera; nous transcrirons des pages entières, certain que le lecteur ne se plaindra ni de leur multiplicité ni de leur longueur. Nous raconterons aussi, simplement et sans y rien ajouter (exagérer et embellir seraient une profanation), les quelques traits de vertu qu'une modestie toujours vigilante n'a pu complétement dérober aux remarques de son entourage.

Il est un autre motif, et celui-ci est peut-être le plus puissant, qui nous porte à trahir, au profit des âmes chrétiennes, le secret de cette vie si modeste : c'est qu'il y a quelques mois, celle qui l'avait reçue de Dieu et qui se proposait de la lui consacrer d'une manière absolue en l'abritant dans un cloître, en faisait généreusement l'offrande au ciel, dans l'espoir d'obtenir, en échange de ce sacrifice et de celui plus dur encore de sa consécration religieuse, la conservation en France des ordres dont l'existence est en péril; c'est surtout que manifestement le sacrifice a été agréé, puisque, sitôt après, l'héroïque enfant était frappée par une mort étrange et presque subite, mort que rien ne faisait prévoir, que rien non plus ne pouvait conjurer, et dont la cause est demeurée profondément obscure.

Nous nous sommes longtemps refusé à croire à cette offrande sublime, dont notre sainte pénitente ne nous avait pas fait confidence. Il nous semblait impossible qu'elle eût accompli un acte aussi grave sans en avoir donné connaissance au prêtre pour qui elle n'avait pas de secrets. Nous avions compté sans une humilité capable de fermer la bouche à la plus docile et à la plus confiante de toutes les filles. Force nous a bien été de reconnaître l'authenticité de l'offrande par laquelle la rumeur publique cherchait à s'expliquer un coup si imprévu, quand nous avons lu, à la date du **23** mars de la présente année, dans ses papiers les plus intimes, papiers qu'elle déclare en tête n'avoir été *écrits que pour Dieu et pour celui qui tient près d'elle la place de Dieu,* la page suivante, que nous transcrivons les larmes aux yeux :

VIVE JÉSUS!

« Mon bien-aimé, si le sacrifice de ma vie peut vous être agréable et contribuer tant soit peu à obtenir la conservation des ordres religieux en France, je vous l'offre de tout mon cœur, sans regret ni restriction. Si l'abandon de mes plus chères espérances [1] peut être du moindre poids dans la balance de votre miséricorde, j'y renonce sur l'heure et absolument. Mais, ô Jésus! si ce sacrifice peut être remplacé par celui d'une vie religieuse tout entière passée dans toutes

[1] Moins résignée durant sa retraite du mois de septembre 1876, elle mettait au premier rang des trois grâces qu'elle conjurait Dieu de lui accorder avant de mourir, « celle de sentir poser sur sa tête le voile des Epouses de Jésus, et de pouvoir signer : *Sœur Marie du Sacré-Cœur* ». Cela fait, elle s'abandonnait entièrement aux mains de Dieu, pour la mort comme pour la vie. Ici elle va plus loin; c'est un véritable holocauste, auquel les lignes qui suivent, loin de rien enlever, ne feraient plutôt qu'ajouter dans une très-large mesure

les souffrances qu'il vous plaira, de corps, d'âme, d'esprit, de cœur, et offerte aux mêmes intentions, si une vie d'hostie peut avoir le même résultat, ô Jésus! ne refusez pas à votre enfant l'alliance divine dont la pensée seule la fait vivre; gardez-moi jusqu'au grand jour, laissez-moi m'étendre sous le drap mortuaire, et après, ô Jésus! prenez votre revanche, immolez-moi, j'en serai trop heureuse. Jésus, je ne vis que pour cet instant-là; et en dépit de tout, fallût-il pour cela demander des miracles, si vous voulez bien accepter cet échange, je compte fêter cette année dans la pleine joie de mon cœur la fête tant aimée de votre Cœur divin [1]. O Jésus! montrez que vous êtes toujours le Dieu des prodiges; une fois de plus avancez votre heure, à la prière de votre enfant; mais jusque-là, ô Jésus! laissez-lui l'amour, dût cet amour la crucifier, lui faire faire dès ici-bas un vrai purgatoire.

« 23 mars 1879

« M. Duchemin,

« Enfant de Marie. »

Sincère et constante dans la générosité de son sacrifice, Marie n'en espérait pas moins, on le voit, que Dieu accepterait la compensation offerte. Sous l'inspiration de ce vivace espoir, elle avait pris pour épigraphe et inscrit sur le feuillet de garde du cahier

[1] Marie, emportée par son ardeur, se flattait, nous ne savons pourquoi, d'obtenir tout de suite, et au milieu même d'une année, l'autorisation de quitter le monde, le pensionnat et les siens.

d'où nous avons tiré l'acte d'offrande, ces paroles du Psalmiste : *Lœtatus sum in his quæ dicta sunt mihi : In domum Domini ibimus.* La demeure sainte où Marie se réjouissait d'entrer un jour était le couvent. Mais Dieu, dans sa miséricorde, l'entendit d'autre sorte; profitant, si nous l'osons dire, de la liberté que lui laissait l'héroïque enfant de choisir pour elle une mort dont sa jeunesse semblait devoir la préserver, mais qui allait la faire jouir aussitôt du bonheur, et une vie dont les épreuves sollicitées n'eussent fait, même au couvent, qu'une longue agonie, le Père céleste préféra lui ouvrir tout de suite les demeures éternelles. Qu'il en soit béni!

*
* *

Marie-Antoinette Duchemin est née au Brésil le 21 novembre 1853, fête de la Présentation de Notre-Dame. Elle naquit le même jour à la grâce : venue au monde à sept mois, on craignait pour sa vie, et l'on dut lui conférer immédiatement le saint baptême. Elle dit elle-même à ce sujet :

« Lorsque je rappelle à mon esprit toute ma vie passée, je ne sais quel cri de reconnaissance pousser vers mon Dieu, qui depuis tant d'années prépare ma pauvre âme à devenir un jour son épouse. Est-ce que le jour même de ma naissance ne semblait pas me promettre à Lui? Et si les inquiétudes qu'on avait pour moi ont forcé de me baptiser tout de suite, n'est-ce pas que je devais être consacrée à Dieu le jour même où ma Mère du ciel lui voua sa virginité dans le Temple[1]? »

Le père de Marie, honorable négociant français établi à Saint-Louis de Maranhão, y a exercé quelque temps les fonctions consulaires, et ceux de nos compatriotes qui eurent alors recours à ses bons offices n'ont point perdu la mémoire de son activité, de sa délicatesse et de son obligeance. La mère est morte après avoir mis sa fille au monde. Déjà atteinte à l'heure où Dieu lui donnait cette fille, du mal qui devait sitôt l'emporter, la pauvre jeune mère, malade et frêle, n'a pour ainsi dire pas connu son enfant.

Marie fut, dès lors, entièrement confiée aux soins de sa tante, qui devint ainsi, au pied de la lettre, sa seconde mère, et envers qui elle s'est elle-même toujours montrée une vraie fille. « Et quelle fille! » comme le disait la pauvre tante en pleurant, à l'heure où elle la perdait. Impossible de voir deux âmes plus unies; à part deux ou trois excursions en compagnie de la marraine, nous ne croyons pas qu'elles se soient jamais quittées pour plus d'une journée; l'institution avec sa chapelle, ses classes et son beau et verdoyant jardin, semblait borner leur horizon; jusqu'à la fin, elles n'ont eu toutes deux qu'une même chambre; et il fallait que l'amour de Dieu fût bien profond et bien

[1] On verra dans le courant du récit que ce jour devait marquer encore dans l'existence de Marie et devenir pour elle un plus frappant mémorial du mystère de la Présentation, grâce à une consécration d'elle-même, non sans analogie avec celle de la Vierge au temple.

ardent dans le cœur d'une nièce si tendre et si tendrement aimée, pour qu'elle se fût résolue à abandonner quelque jour, en faveur du couvent, une tante à laquelle elle paraissait indissolublement attachée.

Marie a pris soin de nous faire connaître quels sentiments de tendresse, de vénération et de reconnaissance l'animaient pour sa tante :

« Comment remercier Jésus de m'avoir placée avant même que je pusse me connaître, entre les mains de saintes âmes auxquelles, après Lui, je dois tout? Que serais-je devenue, s'Il m'avait laissée dans mon Brésil? Ah! il me semble que, du haut du ciel, la mère bien-aimée que Dieu m'a reprise avant que je l'aie connue rend avec moi grâce à Notre-Seigneur de m'avoir donné une seconde mère en qui j'ai toujours pu vénérer une sainte, et qui m'a toujours gardée du contact, même le plus léger, avec le monde que Jésus maudit. »

Et un jour, songeant à la peine qu'elle causerait à cette tante chérie, quand il lui faudrait la quitter pour se faire religieuse, elle épanche ainsi son cœur déchiré :

« Parfois la pensée de ma famille me vient. Ma tante a tant fait pour moi! Elle s'est dépensée comme bien peu de mères le font, même parmi les plus tendres; n'est-ce pas une ingratitude de la quitter, et ne devrais-je pas rester dans le monde tant qu'elle y sera? Mais il me semble que Jésus me promet de se charger d'elle, et de lui rendre au centuple le sacrifice qu'elle aura fait en me donnant à Lui; il veut que je prie longuement chaque jour pour elle, afin de réparer tout ce qui a pu l'affliger dans ma vie. Il veut peut-être la récompenser en prenant pour épouse, si indigne qu'elle soit, sa fille chérie. Je ne veux donc point me troubler; et quand l'heure sera venue, je remettrai à mon céleste Époux tout le soin de cette *mère*[1] si aimée; en attendant, je veux de plus en plus l'entourer de tendresse, d'égards, de soins, afin qu'elle voie que le regard seul de Jésus est capable de m'arracher à elle. Je sais bien ce que nos cœurs souffriront de la séparation : je ne me fais pas d'illusions sur l'angoisse de ce moment; mais je compte sur mon Jésus. Il sera là à l'heure décisive; et, si grandes que soient les luttes de mon cœur, il ne permettra pas que son amour soit jamais balancé par rien de terrestre. Famille, tantes, mère, sœur, maison trop chérie, Il m'accordera la force de tout lui immoler. Non, je n'ai pas peur, mon Dieu; je sais que vous me donnerez, comme à saint Pierre, la grâce d'aller à Vous, même en marchant sur les eaux. Mais puissiez-vous, jusqu'au jour encore ignoré du sacrifice, me faire celle d'être la consolation et la joie de tous les miens, de me dévouer entièrement à eux ! »

Et en une autre circonstance, se voyant en pensée à l'heure même du dernier adieu, de cet adieu si dur à la nature qu'exige des rares appelées le départ pour le couvent, elle écrit :

« Je vous consacre l'instant suprême, ô Jésus! le dernier baiser, la dernière étreinte de mes parents, de

[1] Le mot est souligné dans le manuscrit.

ma bonne tante surtout; je vous les offre en expiation de l'infâme baiser de Judas et des communions sacriléges; que votre Cœur ne me quitte pas, ô Jésus! pendant cette dernière journée, quelles qu'en soient les tristesses, et qu'au moment où j'embrasserai pour la dernière fois ma tante et quitterai le seuil de ma trop chère maison, un acte brûlant de pur amour et de détachement s'échappe de mon cœur brisé. »

Enfin elle confiait encore au papier les lignes suivantes, dans l'espérance peut-être qu'après son départ elles viendraient à tomber sous les yeux de ses chers bien-aimés, et que le baume qui en découle réussirait à enchanter leur douleur :

« Jésus fera mille fois plus de bien en me prenant qu'en me laissant : victime d'amour et de prière, j'obtiendrai le bonheur de tous les miens; le Cœur de Jésus rendra le centuple à ceux qui m'auront donnée; Il sera le lien de toute cette chère famille dont Il deviendra un membre. Merci, mon Dieu, de ce que vous acquittez vous-même ma dette de reconnaissance envers la meilleure et la plus chère des tantes, en lui demandant la main de sa nièce pour votre Fils. Ah! c'est là un honneur que saura apprécier sa foi. »

Qu'on dise, après la lecture de ces différents passages qui provoquent tour à tour l'attendrissement et l'admiration, si les religieux et les saints savent aimer, si l'amour de Dieu nuit aux autres affections légitimes, et en particulier à la piété filiale!

*
* *

On raconte de saint Louis de Gonzague, et d'une multitude d'autres saints et saintes, qu'ils ont conservé intacte toute leur vie la grâce de leur baptême. On peut rendre le même témoignage à l'ange qui fait l'objet de cette notice. Nous dirons plus, certains pénitents sont une croix pesante pour le confesseur, tant leur science, leur foi, leur sincérité, leur contrition ou leur ferme propos laisse à désirer; on n'ose pas les absoudre, ou on ne les absout qu'en tremblant. Il en est d'autres, en bien moins grand nombre, dont la direction, mais pour un motif tout contraire, n'embarrasse guère moins. Observateurs scrupuleusement exacts de la loi, ces chrétiens-là veillent si rigoureusement sur leur conscience qu'on ne sait, le plus souvent, où trouver en eux matière à absolution. Nous n'avons pas besoin de dire à laquelle de ces deux catégories Marie appartenait. Ajoutons que, sans avoir eu en aucun temps la légèreté d'un enfant, elle en garda toujours la candeur; elle n'en perdit même jamais, jusqu'à la mort, l'aimable naïveté.

On a dit que l'ange, chez Marie, se doublait d'une sainte : expression si juste, quelle que soit la grandeur de l'éloge, que la chrétienne à l'esprit si droit, à la parole toujours si mesurée, qui a le plus étudié, le mieux saisi et le plus fidèlement reproduit cette physionomie si belle et si pure, ne peut s'empêcher d'y applaudir.

« Oui, dit-elle, ma chère nièce fut tout d'abord un

ange, et devint bientôt une sainte. Je le sais, moi qui ne l'ai jamais perdue de vue une seule minute, ni le jour, ni la nuit. Quand elle n'était encore qu'un bébé inaperçu pour tous, je la connaissais, et je réponds qu'elle était alors en germe ce qu'elle fut plus tard. »

Nous transcrirons presque textuellement, pour tout ce qui regarde la petite enfance de Marie, les notes fournies par sa bonne tante, la vraie mère de cette âme angélique. Il nous faudra entrer dans quelques détails qui sembleront peut-être minutieux à certains. Le lecteur qui serait tenté de se plaindre d'avoir à descendre des hauteurs où les pages qui précèdent l'ont du premier coup transporté, devra se rappeler qu'avant de devenir un grand arbre sur les branches duquel les oiseaux du ciel aiment à se reposer, le grain de sénevé n'est qu'une petite semence à peine perceptible. Marie, avant d'écrire des pages sublimes ou d'accomplir des actes héroïques, Marie, avant de mériter par son inaltérable innocence d'être comparée au très-glorieux saint Louis de Gonzague, ne fut d'abord qu'une humble petite enfant, puis une simple pensionnaire, mais, dans l'une comme dans l'autre de ces deux conditions, déjà prévenue de la grâce et qui, dès sa plus tendre jeunesse, laissait deviner aux regards attentifs des anges, de sa tante et de ses parents les plus proches, les merveilles qui se dérobaient pour d'autres sous une enveloppe très-nerveuse et très-frêle.

Tout enfant, Marie montrait un cœur excellent.

« Elle pouvait avoir de trois à quatre ans, dit sa tante; chargée de porter une pièce de monnaie à un pauvre vieillard, elle s'approche timidement de lui, lui fait une profonde révérence et lui remet la petite pièce; mais le tout de façon si gracieuse qu'on eût cru que le bébé croyait saluer Jésus-Christ même en la personne de l'indigent.

« Vers le même âge, m'entendant, pour me débarrasser d'une question intempestive que m'adressait une compagne encore plus jeune qu'elle, faire une de ces réponses insignifiantes dans lesquelles on ne se pique pas d'une exactitude absolue, elle me regarde d'un air surpris; et, d'un ton peiné : « Pour- « quoi la trompes-tu? » me demande-t-elle. N'étant pas assez âgée pour s'expliquer les choses, Marie souffrait dans son amour de la vérité et dans sa vénération pour moi. »

Marie donna également dès les premières années des témoignages d'une gravité, d'une maturité peu ordinaire.

« De constitution délicate, elle ne fut jamais très-joueuse, ou plutôt elle ne jouait pas à la manière des autres enfants; il lui fallait des amusements présentant un côté sérieux: le jeu de maîtresse de pension lui plaisait par-dessus tous les autres. Elle faisait la classe à ses poupées, mais une vraie classe dans laquelle on travaillait réellement. Tout ce petit monde avait ses cahiers, de vrais cahiers, et Marie s'acquittait elle-même consciencieusement et avec soin des devoirs de chaque élève. Elle apprenait la leçon donnée, la récitait pour chacune, lisait et écrivait pour toutes. Elle s'absorbait des heures entières dans ce jeu qui était un vrai travail. Or, le côté sérieux était si bien l'idée dominante de l'enfant, que, le plus souvent, les poupées restaient au fond de l'armoire, et la classe n'en marchait que mieux. Dans cette pension, toutes les élèves étaient sages, studieuses, respectueuses envers leur maîtresse qu'elles aimaient, en sorte qu'elles étaient toujours récompensées et jamais punies. C'est ainsi que, toute petite, Marie concevait des élèves; devenue élève à son tour, elle ne fut pas autrement; maîtresse enfin pour tout de bon, ce fut toujours là son idéal. »

Et chez cette enfant si grave avant l'âge, le goût des choses sérieuses ne devait aller qu'en se développant. « Elle avait reçu comme prix en huitième classe, c'est-à-dire avant neuf ans, les souvenirs du Sacré-Cœur [1]; on manquait d'un livre plus à sa portée; on se dit : Elle le lira plus tard. Mais elle le lut immédiatement, le lut encore, le relut si bien qu'elle arriva à le savoir en partie par cœur. Bien des années après, parlant de ce livre, elle disait : « J'en sais encore des « pages que je pourrais réciter textuellement. » Au reste, ne devait-on pas la voir à dix ans préférer à tous les livres amusants pour son âge un petit traité de liturgie expliquée? »

Quant à la piété, on peut dire qu'elle était naturelle en Marie, et qu'enfant de bénédictions dès le berceau, un privilége spécial l'avait fait naître pieuse.

« Elle pouvait avoir trois ou quatre ans, dit encore a tante; je l'avais agenouillée sur une chaise pour lui faire faire sa prière, après l'avoir coiffée de nuit : « Pourquoi, me dit-elle, me mets-tu mon bonnet de nuit

Vies édifiantes de quelques élèves du Sacré-Cœur

« quand je vais prier le bon Dieu? » Je lui réponds : « On peut faire sa prière en bonnet de nuit ». « Oui, « reprend-elle; mais c'est moins *respectable* ». L'enfant chez qui la vénération des choses saintes devançait la science du langage, voulait dire *respectueux*.

« Elle commença à aller à la grand'messe le jour de l'Assomption qui précéda ses sept ans. Sa marraine lui enseignait à suivre l'office dans un paroissien, et la liturgie lui devint presque immédiatement aussi familière qu'elle aurait pu l'être à une grande personne versée en ces matières. Elle chantait le latin que personne ne lui avait enseigné; c'est ainsi qu'elle apprit à le lire.

« Assistant pareillement toute jeune à une messe de mariage, elle suivit les prières du Saint Sacrifice sans quitter une seule fois son livre du regard et avec une telle attention que je me fatiguais moi-même de la voir si actionnée. Je ne pouvais pourtant pas lui dire qu'elle entendait trop bien la messe. »

Non vraiment, pieuse tante, vous ne pouviez adresser une observation de cette nature à la trop fervente fillette; elle l'eût étrangement étonnée de votre part et lui eût, pour le coup, fait aussitôt lever les yeux. Mais nous qui nous contentons de reproduire, sans y rien changer, votre naïf récit, nous ne pouvons nous empêcher de remarquer que plus d'une mère vous enviera votre embarras, et qu'il est peu de filles, même grandelettes, même d'âge respectable, pour s'attirer — nous n'osons dire, n'est-ce pas? — un pareil reproche.

« Conduite, avant ses dix ans, au pèlerinage de

Notre-Dame de Grâce, à Honfleur, elle suivit la procession qui dura fort longtemps, en chantant les psaumes dans son livre et, selon son habitude, sans lever aucunement la tête; je ne pus surprendre chez elle la moindre distraction. Elle avait pourtant à côté d'elle, tout le long de la montée, un très-beau paysage, et la mer qu'elle retrouvait pour la première fois depuis son arrivée du Brésil à l'âge de dix-huit mois. Elle assista ensuite avec la même attention à une messe assez longue, en sorte qu'elle revint fatiguée et avait la fièvre l'après-midi. »

Qu'il nous soit permis ici de prendre encore la parole et, nous arrêtant un moment à ce trait plein de charme, de faire observer ce qu'il aurait fallu d'héroïsme à une enfant moins détachée des choses extérieures, pour s'absorber ainsi dans la prière, malgre les sollicitations du panorama, l'un des plus beaux du monde, qui s'offre à la vue du haut de la côte de Grâce. On admire beaucoup le vénérable M. Olier, abaissant les stores de sa berline de voyage pour ne pas être distrait de son oraison par l'aspect des pittoresques montagnes de l'Auvergne; ce que M. Olier avait fait par un principe raisonné de foi et en esprit de mortification, l'enfant le faisait naturellement et sans effort.

*
* *

Avec de telles dispositions, Marie ne pouvait être qu'une élève exemplaire, et elle le fut en effet. Au dire de ses maîtresses, sa docilité, sa sagesse, son applica-

BIBLIOTHÈQUE NATIONALE — R.F. — IMPRIMÉS

tion au travail ne se démentirent pas un seul instant depuis son entrée en petite classe à l'âge de cinq ans, jusqu'au jour où, chargée de couronnes et en particulier lauréate du prix d'honneur, elle sortait de la première classe, le cours ordinaire des études achevé.

Et d'abord combien d'enfants qui auraient au moins essayé jusqu'où pouvaient aller les prérogatives et les immunités de la fille de la maison! Marie se laissa tout de suite pénétrer au contraire du sentiment de sa responsabilité auprès de ses compagnes; elle redoutait jusqu'à l'ombre d'une faveur; elle la repoussa même toujours pour elle soit comme élève, soit plus tard comme maîtresse.

Elle était naturellement réfléchie : l'application lui fut donc aisée. Elle aimait ses maîtresses, appréciait leur vertu qu'elle estimait impeccable, leur science qu'elle eût volontiers déclarée infaillible. Et puis elle avait le goût de l'étude pour l'étude même; elle travaillait par attrait et par conscience; aussi ne se contentait-elle pas d'un à peu près, qui aurait pu à la rigueur suffire pour la maintenir à la tête de sa classe; elle faisait du mieux qu'elle pouvait; elle donnait tout son temps, tous ses efforts; elle s'appliquait également à toutes les branches de l'enseignement, à celles qu'elle aimait le moins comme à celles qui avaient sa préférence, aux plus difficiles comme aux plus aisées. C'est ainsi qu'elle lutta contre sa maladresse nerveuse pour l'écriture, et arriva à conquérir à treize ans ce que l'on appelle une belle main; c'est ainsi encore qu'elle laissa loin derrière elle ses émules dans l'étude de l'anglais et parvint à en avoir une connaissance si complète a a fin du cours, qu'il lui suffit de la lecture attentive des auteurs, pour arriver bientôt à entretenir une conversation prolongée et correspondre en cette langue aussi aisément qu'en la sienne, et qu'elle n'eut pas besoin d'autre préparation pour subir avec succès les épreuves de l'examen spécial de l'Hôtel de ville.

Marie eut donc de grands succès dans ses classes, et a complaisance des maîtresses n'y était assurément pour rien; outre que mademoiselle Duchemin ne l'eût pas souffert, outre que Marie ne l'eût pas accepté, la chère fille, dont la supériorité incontestée, jointe au titre de nièce, pouvait, même sans faveur injuste, exciter la jalousie, n'aurait pas compté autant d'amies que de compagnes.

Mais comment Marie n'eût-elle pas été chérie de toutes? Elle saisissait toute occasion d'excuser les moins parfaites, et de louer auprès de sa tante ce qui avait pu être accompli de bien. Et cela comme naturellement, sans affectation de générosité; car, si elle faisait tout par vertu, selon le témoignage de la maîtresse la plus à même d'en juger, personne jamais ne donna moins lieu de penser à ce qu'il en peut coûter à se montrer vertueux.

C'est que Marie, qui avait apporté en naissant les instincts d'une piété singulière, voyait cette piété s'épanouir et croître avec les années. Il n'est pas d'enseignement qu'elle écoutât avec plus d'avidité que les instructions religieuses, ni sur lequel elle réfléchît plus volontiers. Aussi le devoir auquel elle donna toujours sa prédilection fut la rédaction ou diligence pour le catéchisme, quelque long que fût ce travail, y ajoutant même, non par vanité, mais par dévotion. Elle avait voulu apprendre l'Évangile deux ans avant l'âge où cette étude devient obligatoire, et la fidélité de sa mémoire put être quelquefois un petit sujet de confusion pour les grandes élèves qui souriaient à cet ambitieux et précoce docteur récitant la Passion devant elles.

Précoce docteur en effet ; car, écoutant tout ce qui se disait autour d'elle sur les choses de Dieu et n'oubliant rien, elle arriva au catéchisme toute préparée d'avance à ce qu'on allait y enseigner, et put dire de longues années après, instruisant à son tour des enfants pour la première communion, qu'il lui semblait posséder depuis l'âge de douze ans la somme entière de sa science théologique.

Appuyés sur un savoir déjà si solide, merveilleux étaient le respect et l'amour de l'enfant pour le culte divin. Les motets, les cantiques, tous les chants pieux la ravissaient. A cette heure qu'elle a pris place parmi les chœurs angéliques, nous nous estimerions ingrat d'oublier quel puissant concours sa voix tout à la fois fraîche et douce prêtait à notre modeste chœur. S'il est un lieu où involontairement on se surprend encore à la chercher et surtout à prêter l'oreille dans l'espoir de l'entendre, c'est l'humble sanctuaire qui a tant de fois retenti de ses chants.

Quant à l'impression profonde que causaient à Marie les fêtes et les cérémonies religieuses, impression telle qu'elle allait, comme on l'a vu, jusqu'à la fatigue, elle devait se prolonger au delà de sa maladive enfance, tout en s'atténuant à mesure que se fortifiait son tempérament. Jusqu'à la fin, les fêtes de la chapelle avaient le don de la faire sortir en quelque sorte d'elle-même. Toutes les facultés de son âme y étaient appliquées; elle s'en préoccupait longtemps à l'avance, et ne pouvait, la veille, fermer l'œil. Le jour venu, elle avait un entrain, une fièvre joyeuse qui faisait contraste avec son calme habituel; elle en aurait oublié le manger et le boire.

Marie enfant était donc bien digne de toutes les distinctions pieuses en honneur dans la pension et que pouvait comporter son âge. Aussi à peine fut-il question d'ériger une petite congrégation des saints Anges en faveur des enfants qui n'ont point encore fait leur première communion, que Marie fut choisie pour l'une des premières aspirantes et qu'elle devint bientôt associée, puis secrétaire. Peu de temps avant sa mort, elle rappelait encore en souriant *que de son temps* les petits secrétaires des Anges n'empruntaient point, pour composer et écrire leurs rapports, la plume des autres

Il existe aussi dans le pensionnat, sous le titre d'Enfants de Marie, une congrégation des meilleures et des plus sages élèves qui, faisant profession d'une dévotion toute particulière envers la Très-Sainte Vierge, ne se proposent cependant pour but soit à la pension, soit plus tard dans le monde, que de devenir, suivant le terme même de leur règlement, *des chrétiennes pour tout de bon, c'est-à-dire des jeunes filles qui fassent ce que doit faire toute chrétienne, mieux qu'on ne le fait d'ordinaire, en s'inspirant davantage des pensées de la foi*. Déjà fille de la Reine du Ciel par le nom qu'elle portait, comme par la tendresse filiale qu'elle lui avait depuis longtemps vouée, Marie franchit rapidement tous les degrés de cette pieuse congrégation ; elle reçut successivement les insignes et le titre d'aspirante, d'enfant de Marie et d'affiliée, et l'affiliation comme l'association la compta au nombre de ses dignitaires.

A ce moment, l'Institution suivait encore, pour la Persévérance, les catéchismes si renommés et si pieux de la paroisse de Saint-Sulpice. Marie s'éprit aussitôt et de ces exercices où respire le plus religieux et le plus aimable entrain, et de cette chapelle des Allemands où tant d'âmes ont appris à bien aimer Dieu, tant de prêtres à le faire aimer. Quand l'aumônerie de la pension eut été régulièrement établie et qu'on se fut décidé à faire à la chapelle même les instructions pour les Persévérantes, Marie éprouva tant de chagrin d'avoir à dire adieu à son cher Saint-Sulpice, qu'on dut l'autoriser, par exception, à s'y rendre une année encore.

Nous ne surprendrons point ceux qui connaissent l'organisation intérieure de la Persévérance des Allemands en disant qu'assidue, appliquée, éminemment pieuse et ferrée comme elle l'était sur la doctrine, Marie, dès l'achèvement des deux années réglementaires, se voyait nommer aspirante, que, son cours terminé, elle obtenait là, comme à la pension, la plus enviée des récompenses, le prix d'honneur, et qu'enfin au bout de quatre ans les rangs mêmes de l'Association du Sacré-Cœur de Jésus s'ouvraient devant elle. Ce fut pour Marie une joie immense, joie qui, sans qu'on pût le soupçonner alors, eut sur sa vie entière une influence décisive, joie dont les pages suivantes sont l'écho fidèle.

« Un jour à jamais béni, prélude de tant d'autres grands jours, devait marquer pour moi le milieu de l'année **1870**; la chère Association de Saint-Sulpice allait me recevoir dans son sein; j'allais devenir l'enfant du Saint-Sacrement et du Sacré-Cœur. Non, jamais je n'oublierai ce 19 juin où, sous le voile de ma première communion, je me donnais déjà sans réserve au bon Dieu. C'était comme un essai, mais aussi sérieux que doux. Il me semble que ce jour a été la source de toutes les joies qui l'ont suivi; c'est lui qui est cause que j'ai quitté si facilement le catéchisme; car mon titre d'associée était pour moi une consécration que rien ne pouvait me ravir, et j'avais déjà la consolation d'espérer que cette consécration ne serait pas le dernier mot de l'amour de Jésus. »

*
* *

Certainement Dieu avait révélé de bonne heure à cette chère âme combien il mérite d'être aimé et désire d'être servi par amour. Avec un naturel craintif, Marie, si l'on excepte un temps d'épreuve par où passent les plus saints, eut surtout une piété affective et confiante; et longtemps elle crut naïvement toutes les âmes appelées ou même arrivées à s'inspirer toujours du motif le plus relevé, l'amour pur.

Que si nous retournons un instant en arrière sur les pas de la tante, nous verrons la petite Marie, au moment de sa première communion, se faire naturellement une grande joie d'entrer en retraite ; mais elle se figurait la retraite comme une série d'exercices dans lesquels on ne parlait que de l'amour du bon Dieu, des joies de la piété et de l'ineffable bonheur qui attend à la Table sainte quiconque s'y asseoit pour la première fois. Grande fut donc sa surprise, quand elle entendit les graves sermons sur le péché et les fins dernières. « Comme elle me faisait part de son étonnement, rapporte la tante, je lui dis que, dans une réunion si nombreuse, il pouvait y avoir des enfants qui, ayant manqué en leur première enfance de soins religieux, avaient peut-être commis des fautes graves, et par suite avaient besoin d'entendre ces grandes vérités. Elle me répondit : « Ah ! oui, je « comprends ; mais on ne leur donnera toujours pas « ainsi la contrition parfaite. »

On s'explique aisément qu'avec des idées aussi raffinées il soit arrivé à la trop précoce enfant de confondre en quelque sorte le ciel et la terre, les anges et les hommes, la vision béatifique et la communion qui, même fervente, n'en est que l'ombre, et d'éprouver alors quelques déceptions en ce beau jour.

« C'est surtout, écrit-elle plus tard, depuis l'époque bénie de ma première communion que se dessine la douce Providence de Jésus à mon égard. Ce n'est pas que le Grand Jour ait été pour moi plein de ces émotions ineffables que tant d'autres y ressentent. Non ; je m'étais promis, dans mon imagination enfantine, une sorte de transport au ciel, et en revenant à ma place, n'éprouvant pas ce que j'avais attendu, me demandant avec douleur si j'avais bien vraiment communié, je n'avais même plus assez de présence d'esprit pour sentir les tendres caresses de Jésus; j'entendais à peine et certainement je ne comprenais pas ces mots qui saluaient Jésus entrant pour la première fois dans mon âme, et dont l'écho, réveillé depuis en moi, m'émeut doucement aujourd'hui :

> Du Roi des rois je suis le Tabernacle;
> Oui, de mon cœur un Dieu devient l'époux.

« Mais si je n'entendais pas, mon Jésus entendait, et j'en suis bien sûre, en ce moment il mettait pour jamais son sceau sur mon cœur.

« Tout ce que je n'avais pas éprouvé le jour de ma première communion, Jésus me l'a rendu le lendemain et les jours suivants. Pendant deux mois il m'a fait jouir d'un bonheur que je ne voudrais certainement pas échanger à beaucoup près contre mon bonheur actuel, mais dont le souvenir est pour moi d'une fraîcheur délicieuse. »

Marie rédigeant en 1875 ces admirables sentiments de retraite dont nous avons déjà cité quelques extraits et auxquels nous comptons bien faire encore de nombreux emprunts, émet à l'occasion de la première communion une pensée très-vraie, très-lumineuse, et qu'il est rare de rencontrer sous la plume d'une jeune fille; la jeune fille est d'ordinaire plus sensible au côté humain et purement accessoire de ce grand acte.

« Quelle différence entre la vie avant la première communion et après! Je ne suis pas peut-être comme tout le monde; mais je ne trouve pas que ce beau jour soit *unique* dans l'existence; je trouve que toutes les communions peuvent être aussi heureuses, plus heureuses même que la première; que Jésus peut dire autant de choses à une âme de vingt, de trente ans qu'à une petite âme de douze ans, qui quelquefois ne sait pas encore goûter toute la douceur du don de Dieu. »

Le 26 avril 1877, onze ans après sa première communion, elle insistait sur la remarque et la faisait suivre de cette exclamation : « Ah! je ne m'étonne plus qu'après des millions de siècles, le bonheur du ciel soit toujours nouveau, puisque le ciel de la terre est aussi plus doux à mesure que plus d'années nous séparent de la première visite de Jésus. »

Marie, Marie, ce n'est pas la sagesse humaine, ni même votre propre cœur, si religieux qu'il fût naturellement, qui ont pu vous révéler ces choses, mais Celui-là seul que vous aimiez tant du reste à recevoir.

La grande dévotion de la nouvelle Eustelle était en effet, avec le Sacré-Cœur, au sujet duquel elle a tracé une page merveilleuse qu'on lira plus loin, la Sainte Eucharistie, adorée et visitée, et surtout reçue dans la sainte communion.

L'année la plus heureuse de sa courte vie a été, de son propre aveu, l'année 1874. Elle éprouvait alors trois désirs, désirs ardents qui la consumaient. Le premier, dont nous parlerons plus tard, avait pour objet le vœu d'appartenir, tout en demeurant au milieu du monde, corps et âme au Seigneur Jésus; les deux autres se rapportaient à la Sainte Eucharistie : l'un regardait la présence permanente de Notre-Seigneur au Tabernacle de notre petite chapelle; l'autre, une grâce qu'elle n'avait cependant pas osé solliciter, ne s'en croyant pas digne, la grâce de la communion quotidienne. Or l'année 1874 lui avait apporté l'accomplissement de ces trois désirs.

Voici comment elle salue l'installation définitive de son Bien-Aimé dans la maison qu'elle habitait depuis l'enfance, et où elle devait rendre le dernier soupir : « Eh quoi! Jésus, vous faites de ma demeure la vôtre, vous vous faites prisonnier d'amour sous mon toit! Oh! rendez-moi digne d'une telle société; donnez-moi un cœur enflammé comme celui des anges qui vous adorent ici invisibles, et faites que je meure à vos pieds plutôt que de sentir une seule seconde mon cœur s'attiédir près de vous[1]. »

Qui pourrait compter les heures que Marie, à partir de ce moment, a passées au pied des autels en la compagnie de ces mêmes anges qu'elle s'était proposés pour modèles, et avec qui, en effet, on la vit lutter de ferveur?

A moins qu'on ne la fît sortir, pour une cause ou pour une autre, tout le temps qu'elle ne donnait ni au travail ni au prochain, elle le consacrait à la prière dans la chapelle de la maison; c'était là qu'elle prenait son repos, et, afin qu'on ne remarquât ni combien de

[1] *Sentiments de retraite.*

fois elle y allait, ni combien de temps elle y restait, elle avait soin de s'y rendre par la route où elle risquait le moins d'être vue.

A la voir toujours à genoux, fixe et la tête dans les mains, on ne pouvait s'empêcher de songer à ces séraphins que l'on représente immobiles en adoration. Vous repassiez un quart d'heure, une demi-heure, quelquefois une heure après, vous la trouviez dans la même posture; elle n'avait pas plus bougé qu'une statue. L'attitude de Marie en prière était toute spéciale, et si profondément recueillie qu'elle la faisait distinguer de toute autre. D'aussi loin que nous l'apercevions, nous la reconnaissions, et il nous est même arrivé plus d'une fois, en traversant une église sans songer à autre chose qu'à l'hôte divin qui y résidait, d'être surpris au passage par l'aspect d'une âme tellement absorbée en Dieu que nous nous disions imperturbablement : — C'est Marie! — Nous ne nous sommes jamais trompé.

Si immobile, cependant, que demeurât alors son corps, ce corps n'était certes pas inanimé; l'âme vivait, priait, brûlait d'amour et s'élevait sans cesse vers Dieu; mais rien, rien au monde n'avait le pouvoir de la distraire, si ce n'est peut-être l'extinction accidentelle de la lampe du sanctuaire, dont elle était comme instinctivement avertie; car ne levant pas les yeux et, d'ailleurs, étant myope, elle ne pouvait s'apercevoir de l'accident que par une sorte d'avertissement intérieur. Nous ne nous rappelons point, pour notre part, l'avoir jamais entendue se reprocher de distractions volontaires, ni même, chose à coup sûr plus incroyable encore, se plaindre de distractions involontaires. Et pourtant, Dieu sait si elle avait une conscience délicate et portée même au scrupule!

Mais c'est à la sainte communion surtout qu'il appartenait d'émouvoir son âme séraphique, et d'en tirer des accents que nous oserons presque déclarer dignes d'une Thérèse :

« Ce n'est pas seulement de l'amour que j'ai voué à mon Jésus; c'est de la passion; toutes les grâces temporelles ne sont rien auprès d'une petite étincelle de cet amour qui embrasait le cœur des saints...[1]. »

« Je ne veux certes pas chercher les consolations même à la Table sainte, mais Jésus tout seul, Jésus toujours, voilé ou découvert, sensible ou caché...[2]. »

« Entre Lui et moi l'union sera éternelle. Perfectionnée, resserrée chaque matin par le don qu'il daigne me faire de Lui, cette union sera complète et indissoluble au ciel...[3]. »

L'espèce de faim que son âme ressentait pour l'aliment divin ne lui permettait pas de connaître et d'éprouver les hésitations et les troubles qui éloignent du banquet eucharistique certaines consciences timorées.

« Si je pouvais avoir encore peur du bon Dieu, cela me ferait presque peur de songer aux grâces dont je suis comblée; qu'ai-je fait de plus que les autres pour mériter de faire la sainte communion tous les jours? Mais, maintenant, c'est plus fort que moi; au-

[1] *Sentiments de retraite.*
[2] *Ibid.*
[3] *Ibid.*

tant on aurait eu de peine autrefois à me faire approcher tous les jours de Jésus, autant, et bien plus, on en aurait, je crois, à me retenir loin de Lui. Je sais bien que je suis indigne; mais je dis à Jésus : Vous serez digne pour moi. Je sais que je suis faible; mais j'ai le désir d'aimer beaucoup, de faire de mon mieux, et Jésus veut bien se contenter de cela. Chose singulière! quelquefois certaines grâces du bon Dieu m'effrayent; la retraite me donne toujours quelques moments de frayeur, en pensant au compte qu'il me faudra rendre; mais la sainte communion ne me fait jamais peur; je dis à Jésus : Donnez-moi de vous aimer de toute l'énergie de mon cœur, et brûlez par votre feu divin les imperfections qui souillent votre Tabernacle. Je vois quelquefois des personnes plus saintes, bien plus parfaites que moi rester à leur place au moment de la communion, tandis que je m'approche du bon Dieu; eh bien! cela me fait de la peine sans m'arrêter; je me dis : Jésus m'appelle, moi; il faut bien que j'aille [1]. »

Marie trouvait trop de goût aux joies pures de la Table sainte pour se plaire aux joies même innocentes du monde; et la crainte de ne pouvoir garder le jeûne eucharistique et d'être obligée de se priver de la communion du lendemain suffisait pour lui faire redouter ces réunions de société qui se prolongent assez avant dans la nuit.

« Je ne comprends pas comment on peut encore aimer les plaisirs du monde, quand on a savouré sou-

[1] *Sentiments de retraite.*

vent les tendresses de Jésus ; tout cela est si peu de chose auprès d'un seul moment passé sur son Cœur sacré ! Il y a huit jours, ô mon Dieu, j'ai aperçu un peu le monde ; j'y ai passé trois heures et j'en avais assez ; c'était pourtant un monde bien simple et bien chrétien que celui-là. Je suis revenue à onze heures, avant tous les autres invités ; mais j'avais eu si peur de ces malheureux rafraîchissements qui m'auraient poursuivi après minuit comme avant, et qui certes alors ne m'auraient pas rafraîchie du tout ! Grâce au ciel, je suis partie à temps, et le lendemain matin je pressais Jésus sur mon cœur avec tant de joie [1]. »

Ailleurs elle dit : « Je donnerais toutes les joies humaines pour une seule communion, dût-elle être faite sans douceurs et sans sentiments [2]. »

Éprise des divines voluptés dont Jésus rassassie quiconque s'asseoit à sa table, l'heureuse convive, qui s'y voyait admise chaque jour, aurait voulu faire partager à tous son bonheur.

« J'ai à veiller beaucoup sur moi pour ne pas pousser les âmes vers la sainte communion sans un discernement suffisant; quand j'en aurai à conduire [3], je devrai quelquefois prendre mon cœur à deux mains pour faire ce que le devoir me commandera [4]. »

Le jeudi 22 avril 1874, jour de communion générale et de clôture de retraite, l'ardente servante du Christ dit encore :

[1] *Sentiments de retraite.*
[2] *Ibid.*
[3] En qualité de maîtresse ou même de sous-maîtresse
[4] *Sentiments de retraite.*

« Je n'ose pas écrire tout ce que j'ai pensé et senti ce matin ; car cela ne peut pas se rendre; jamais je n'ai été si heureuse; je serais restée là une heure à genoux dans les bras de Notre-Seigneur, sans songer à la fatigue ni m'apercevoir de la fuite du temps. Oh! comme je me suis donnée de nouveau à Lui, comme je Lui ai protesté qu'il serait mon seul amour! Au milieu de ce bonheur, j'entendais les paroles du cantique qu'on chantait, et je répétais à ce doux Jésus, si bon pour ceux qui l'aiment :

Oui, dans ton Cœur mon cœur respire
L'amour, la paix et le bonheur.
Ah! pourquoi le monde en délire
Méconnaît-il ton divin Cœur?

« Et puis je disais aux brûlants séraphins qui adoraient Jésus autour de moi :

Aux jours de mon pèlerinage,
Le recevoir, ah! c'est si doux!
Je voudrais l'aimer davantage,
Je voudrais l'aimer plus que vous.

« Oh! c'est si vrai, mon Jésus! jamais je ne pourrai vous aimer comme je le voudrais; mais du moins (il me semble que vous me l'avez promis ce matin) je vous aimerai toujours autant que je le pourrai. Je sais bien, mon Jésus, que tous les jours ne ressemblent pas à ces beaux jours de clôture où se renouvelle le pacte d'amour entre l'âme et Vous; mais que dis-je, et pourquoi cette restriction? J'ai honte de ce que je viens d'écrire; Jésus ne vient-il pas tous les jours dans mon cœur, et dès lors est-ce que tout le reste n'est pas accessoire! Souffrir ou jouir, quand on a Jésus dans le cœur, qu'est-ce que cela fait? La couronne d'épines n'est-elle pas le plus glorieux diadème qu'on puisse porter ici-bas? Avec le ciel dans peu de temps et la sainte communion tous les jours, qu'est-ce que les peines de la vie? Toutes les communions, sans doute (cette fois je suis dans le vrai), pourront n'être pas aussi douces; mais quand Jésus se voilerait pour un temps, pour toujours peut-être, il sera là tout de même; c'est Lui que je dois chercher, et non pas ses consolations. Merci donc encore une fois, ô mon Bien-Aimé, pour ces instants du ciel, et recevez en même temps, pour n'être jamais rétractée, l'offrande que je vous fais de toutes les peines, de tous les jours tristes de ma vie, ô divin Époux qui vous présentez à moi couvert de sang, couronné d'épines et chargé d'une croix, et qui vous unissez les cœurs dans la souffrance, bien plus encore que dans la consolation[1]. »

Marie achève ainsi cet hymne de reconnaissance :

« Oh! que c'est doux, oh! que c'est beau, le cœur à cœur de l'action de grâces!

« Et maintenant, tandis que les autres aperçoivent leur prochaine communion dans un avenir de quinze jours, d'un mois peut-être, je recommence à penser que dès demain mon cœur sera de nouveau le tabernacle de Jésus. Je puis donc dire avec vérité : Que rendrai-je au Seigneur pour tant de grâces? Je prendrai de nouveau le calice du salut. C'est la sainte

[1] *Sentiments de retraite.*

communion qui sera elle-même l'action de grâces d'une précédente communion ; c'est le Cœur de Jésus qui acquittera lui-même chacune de mes dettes envers Lui, jusqu'au jour où, dans l'éternelle communion du ciel, mon Bien-Aimé m'aidera définitivement cette fois à le remercier de tant de jours dont j'aurai pu dire : Ce sont des avant-goûts du Paradis, des quarts d'heure célestes passés sur la terre. Ah!

Si l'exil est si beau, que sera la patrie[1]? »

La dévotion au Sacré-Cœur primait peut-être encore chez Marie la dévotion au Très-Saint Sacrement, ou plutôt (car au fond ces deux dévotions n'en font qu'une) ce qui, en la personne sacrée du Sauveur s'offrant à nos adorations sous les voiles eucharistiques, attirait surtout et passionnait cette âme ardente, c'est le Cœur divin, dont la charité a fait comme une inextinguible fournaise.

« Mon Jésus Bien-Aimé, puisque le monde a ses dévoués qui s'emploient corps et âme à son service et y épuisent leurs forces ; puisque Satan lui-même a des âmes qui lui sont vendues, ne pouvez-vous donc pas me permettre d'être, moi, l'âme *dévouée*[2] à votre Sacré-Cœur dans toute l'énergique acception de ce mot si fort? Dévouée, c'est-à-dire livrée, soumise en tout à votre bon plaisir, se laissant écraser et anéantir au besoin? L'acte est dressé ; je le signerais volontiers de mon sang ; je me constitue la possédée

[1] *Sentiments de retraite.*
[2] Souligné dans l'original.

de votre divin Cœur. Vous en avez eu de tout temps, ô Jésus ! et il vous en faut, de ces âmes qui se font avec un dévouement joyeux vos esclaves et comme votre chose. Eh bien, tout indigne que je sois de faire partie de cette sainte milice, je m'y enrôle, je vous abandonne mon cœur; pas de limites au don que je vous en fais. Cœur sacré de Jésus, ô divin Enchanteur, je cède pour toujours au pouvoir de vos charmes, et je veux demeurer enlacée dans vos rêts; Cœur sacré de Jésus, ô glorieux Triomphateur, mon âme subjuguée s'attache à votre char; heureuse captive, je bénis et j'adore mes chaînes; Cœur sacré de Jésus, Tout-Puissant Maître, je m'engage à jamais sous vos lois, et vous n'aurez point de sujette plus fidèle que moi [1]. »

On le voit, l'amour de Dieu, ou mieux ce que nous appelons, nous autres chrétiens, la ferveur, c'est-à-dire le feu même de cet amour, brûlait, consumait Marie; l'ardeur intérieure qui la dévorait éclatait parfois au dehors; elle allait jusqu'à teindre de carmin ses joues ordinairement pâles, empourprer même ses lèvres et allumer des flammes dans ses yeux.

Si grande que fût la piété de Marie, ce serait bien peu la connaître que de se l'imaginer comme une de ces dévotes qui semblent avoir épuisé pour Dieu le peu de tendresse dont elles sont capables, de sorte

[1] *Sentiments de retraite.*

qu'il ne leur en reste pas une gouttelette pour le pauvre prochain. Point d'âme plus dévouée et, par suite, plus oublieuse d'elle-même. On a dit avec raison que toute sa vie pouvait se résumer dans l'amour de Dieu, la charité pour les autres et l'abnégation.

Une de ses prières, prière sublime, était celle-ci : « Puisque les mondains ne pensent qu'à eux, faites donc, ô Jésus ! qu'à votre exemple, moi, je ne pense jamais qu'aux autres[1]. » Cette prière était trop agréable au Seigneur pour n'être pas exaucée : la généreuse enfant, nous l'affirmons, n'a jamais, non jamais, songé à elle ; elle n'a eu d'autre préoccupation, en dehors de la gloire de Dieu, que l'intérêt spirituel ou temporel du prochain. Joies ou peines ne lui étaient pour ainsi dire point personnelles ; les unes et les autres n'étaient que l'écho ou le contre-coup des joies ou des peines d'autrui.

Laissons encore parler ici sa chère tante :

« Jamais, absolument jamais, Marie n'a rien sollicité pour elle, pas même les moindres jouets quand elle était petite.

« Après sa première communion, on parlait devant elle d'un de ces livres que l'on fait pour les enfants qui se préparent à ce grand acte ; elle se prit à dire : « Comme j'ai aimé ce livre[2] ! Comme j'aurais dé- « siré l'avoir ! » Elle l'avait désiré, mais elle ne l'avait pas demandé ; elle savait pourtant bien qu'on se serait fait une joie de le lui donner.

[1] *Sentiments de retraite.*
[2] On le lisait à la pension.

« A l'occasion du jour de l'an ou de sa fête, je lui ai quelquefois dit : « Marie, tu me rendrais un vrai « service si tu me faisais connaître ce que tu désires. » Elle me répondait invariablement : « Je ne désire « rien; j'ai tout ce qu'il me faut. »

« Dans cette maison où je ne vois que les élèves qui me sont confiées, les parents qui me les confient et les maîtresses qui m'aident à les élever, et d'où je ne sors pour autant dire point, elle ne connaissait aucune des joies du dehors, et elle ne les envia jamais. Un jour qu'on lui proposait je ne sais quoi qu'on pensait devoir lui faire plaisir, je lui dis : « Fais « comme tu voudras; si cela te plaît, accepte; tu as si « peu de distractions! — Moi, pas de distractions! » reprit-elle. Et s'animant de plus en plus : « Moi, « moi, pas de distractions! mais personne au monde « n'en a autant[1]. »

Elle était surtout heureuse du bonheur des autres. Le jour où elle tomba malade, une maîtresse lui dit avoir été invitée à passer quinze jours à la campagne pendant les vacances. Marie, qui savait que cette maîtresse a rarement l'occasion de s'accorder un délassement, bondit de joie en s'écriant : « Quel bonheur! si vous saviez comme je suis contente! » L'autre, étonnée, lui demande : « Pourquoi donc, Marie, êtes-vous si contente? — Ah! dit-elle avec

[1] Elle dit quelque part (nous n'avons pu retrouver le passage pour le citer textuellement) que le nombre des jours de bonheur de son existence est infini. En est-il beaucoup qui pourraient en dire autant, parmi ceux qu'on nomme les heureux du monde?

un sourire, mais sans s'expliquer, oui je suis contente, oh! bien contente. »

Nous citons, bien entendu, cette parole entre mille, et comme un naïf témoignage de cette sympathie naturelle qui portait ce cœur sensible à vibrer toujours à l'unisson des autres.

« On comprend qu'avec une pareille sensibilité, Marie dût souffrir de tout ce qui faisait souffrir autrui. Elle aurait souhaité pouvoir enlever à chacun sa peine, à chacun même un simple ennui. Elle était sans cesse à consoler, à demander grâce pour les coupables. « Que je voudrais donc voir tout le monde « content! » disait-elle avec toute son âme. Elle eût pu s'écrier comme cet aimable et bienveillant personnage dont chacun sait le mot : « Quand tout ce qui « m'entoure est heureux, c'est moi qui le suis le plus.»

« Il y eut un moment où je fus obligée de défendre de me faire demander quoi que ce fût par Marie, parce qu'elle aurait voulu tout obtenir, et qu'elle se désolait s'il était impossible de le lui accorder.

« La défense, ajoute la bonne tante, ne fut pas toujours maintenue; je savais quel besoin c'était pour son cœur de solliciter et de s'entremettre pour les autres, et quel bonheur elle ressentait à essuyer des larmes ou à faire naître des joies. Et puis elle finit par comprendre les impossibilités. »

Que la tante ait cédé souvent aux sollicitations de la nièce, nous le croyons facilement, nous qui connaissons et vénérons l'une depuis si longtemps, et qui avons toujours connu et paternellement chéri l'autre. C'est le cas de citer un fait touchant qui les honore toutes deux, en confirmant d'une façon heureuse ce que nous avons avancé de la rare bonté de cœur de Marie, et du renom d'indulgence dont elle jouissait sans exception auprès de tous. Peu avant que Marie tombât malade et mourût, une enfant de la congrégation de la Sainte Vierge avait mérité, nous ne savons pour quelle faute d'écolière, de se voir retirer son ruban d'aspirante. La nuit qui suivit la mort, durant les longues veilles que lui faisait son chagrin, mademoiselle Duchemin songeait, et songeait naturellement à celle qui n'était plus ; elle se rappelait tant de qualités précieuses dans cette âme si chère, et surtout le trait dominant de cette physionomie de sainte, la bonté qui prévient et qui pardonne. Tout à coup le souvenir de la pauvre coupable lui vint à l'esprit : « Si Marie, se disait-elle, du sein de Dieu où elle est, aperçoit, comme j'aime à le penser, tout ce qui se passe ici-bas, combien elle se réjouirait de me voir accorder à sa mémoire une grâce que, vivante, elle n'eût osé solliciter ! » Et mademoiselle Duchemin se résout à rendre dès le lendemain les insignes enlevées. Or, cette même nuit, l'enfant, préoccupée tout à la fois de la profonde douleur à laquelle la maison était en proie et du chagrin, après tout cuisant aussi, que lui avait fait sa punition, rêvait ; il lui semblait voir mademoiselle Marie lui rapporter son ruban. Elle s'éveilla émue, puis se rendormit sur son illusion déçue. Durant ce second sommeil, retour du rêve consolant, suivi d'un nouveau réveil ; et ainsi à deux ou trois reprises, comme elle le déclara le lendemain toute saisie, quand mademoiselle Duchemin lui fit rendre le ruban, objet de ses regrets. Certes nous ne prétendons pas qu'il y ait eu ici intervention directe et, en quoi que ce soit, merveilleuse de l'humble défunte ; tout ce que nous voulons dire, c'est que sa bienveillance devait être manifeste, indubitable, éclatante, pour avoir fait naître dans l'esprit de l'indulgente maîtresse, comme dans celui de l'enfant graciée, la même pensée d'un pardon qui se trouverait ainsi dû au doux et cher souvenir d'une des âmes les plus charitables qui furent peut-être jamais.

« Marie, continue la tante, ne sut jamais rien refuser à personne ; tout ce qui lui appartenait était au service du prochain ; tout sans exception ; j'étais obligée de veiller pour qu'il n'y eût pas trop d'abus. Elle donnait avec la même générosité son temps et sa peine ; de sorte que ses journées suffisaient difficilement à tout ce qu'embrassait son zèle. Elle n'avait jamais une minute à elle ; c'est à peine si nous la voyions, excepte au repas du soir et pendant les congés. »

Elle fut toujours bonne au delà de toute expression. A l'exemple des chrétiens les plus généreux, elle abandonnait aux âmes du Purgatoire toutes les indulgences qu'elle gagnait. Il est vrai qu'agir ainsi, c'est placer sur bonne et solide hypothèque, Dieu ne pouvant se laisser vaincre en générosité. Mais Marie, sans nul doute, ne faisait point ce calcul. Le 24 mai 1879, jour où se clôturait au pensionnat le Jubilé, elle écrivait :

« Vive Jésus ! — Jésus mon amour, j'espère que ce matin, malgré mon indignité, vous avez bien voulu appliquer à quelque pauvre âme du Purgatoire mon petit morceau de Jubilé, et j'en tressaille de joie. »

*
* *

Marie, qui n'avait rien de la fausse dévote, n'était point non plus de ces chrétiennes austères, tellement élevées au-dessus des faiblesses de l'humanité que, semblables au stylite retiré sur sa colonne, elles paraissent ne pas toucher la terre, ne se mêler en rien aux choses de ce monde, et, non-seulement ne pas partager les sentiments et les impressions du commun des mortels, mais même ne pas les comprendre, et surtout n'y pas compatir.

Stricte pour elle-même au point de ne se rien passer, elle possédait des trésors d'indulgence pour les autres; détachée et mortifiée au point qu'on l'eût dit animée d'une vie toute surnaturelle, et crue indifférente à tout ce qui n'était pas Dieu ou ne lui parlait pas de Dieu, elle conservait un esprit large et ouvert, un cœur chaud, prompt à excuser et à tolérer, dans la mesure de la sagesse, des émotions d'un ordre moins élevé.

Rencontrait-elle sur ses pas une personne que sa naissance avait habituée au luxe, et à qui des circonstances malheureuses avaient enlevé du même coup indépendance et fortune, elle lui disait, bien que dédaignant personnellement ces biens et leur préférant pour elle la pauvreté de cœur et l'obéissance de fait . « Ah! que je voudrais être riche, reine même, pour vous faire asseoir sur un trône! »

Recevait-elle les confidences d'une amie moins surnaturelle, moins parfaite qu'elle et plus friande des affections de la créature et des amitiés purement humaines, elle se contentait, elle si détachée, si exclusivement avide du souverain Bien, et la fiancée, l'unique fiancée de Jésus, de murmurer : « Oh! quel cœur! oh! que je voudrais aimer autant le bon Dieu! oh! quelle sainte tu ferais, si tu réservais tous ces élans pour Celui-là seul qui est infiniment aimable! »

Il est vrai qu'elle s'accusait alors d'une condescendance excessive, et s'adressait de secrets reproches, mais reproches délicats, exprimés d'ailleurs en termes charmants, et à travers lesquels on entrevoit comme une dernière lutte entre une nature essentiellement affectueuse et la grâce.

« Vous savez, mon Dieu, comme mon faible cœur sympathise avec les cœurs tendres aux créatures. Ah! je ne me comprends pas moi-même. Moi qui désirerais si ardemment voir tous les hommes embrasés d'amour pour vous, j'entretiens par faiblesse, par fausse complaisance, en certains foyers trop chers, un feu qui nuit peut-être aux flammes de la charité pure. Hélas! hélas! il me faut l'avouer, je ne comprends que trop bien par moi-même les douces jouissances de l'affection. Mais est-ce que je ne connais pas aussi, et mieux encore, les incomparables jouissances de l'amour divin? Est-ce que je ne sais pas qu'un seul serrement de mon cœur contre le vôtre, ô Jésus! vaut mieux que toutes les tendresses des amies de la terre? Est-ce que je n'ai jamais senti la joie, la volupté sans nom de déposer aux pieds du Maître le sacrifice de quelqu'une des jouissances les plus légitimes qu'on puisse demander aux amitiés d'ici-bas? Et si j'ai senti cette volupté et cette joie, pourquoi donc ne pas faire plus d'efforts pour en procurer le bienfait aux autres? O mon Jésus! oui, désormais mon seul désir sera de vous voir aimé et, dans la mesure de mes forces, aimé passionnément, uniquement par tous ceux que j'aime moi-même, sachant bien que, si j'ai réellement faim et soif de leur bonheur, le meilleur et presque le seul moyen de les rendre heureux est de les arracher aux affections terrestres, souvent trop sensibles et toujours plus ou moins vides et fragiles, pour les conduire jusqu'à Vous, Beauté incréée et Bonté souveraine [1]. »

Et après s'être ainsi pieusement gourmandée d'une indulgence d'autant plus disposée à s'exercer en la matière, qu'il s'agissait d'affection, trop douce pente vers laquelle inclinait naturellement son cœur, elle se retournait, dans une sorte d'extase, du côté du Soleil de Justice et d'Amour, dont l'éblouissant éclat ne lui permettait de rien distinguer en dehors de ses divines splendeurs, et lui disait :

« Merci, oh! mille fois merci, Jésus, d'avoir fait mon cœur trop grand pour être rempli par rien de terrestre. Faites qu'il souffre beaucoup, beaucoup, chaque fois qu'il voudra donner au monde le moindre regard, la plus imperceptible attention. Humiliez-moi, écrasez-moi, plutôt que de permettre jamais qu'en dehors des âmes et des miens, je puisse aimer ce qui n'est pas Vous! »

Inutile de dire que, joignant à des goûts sérieux

[1] *Sentiments de retraite.*

des aspirations sublimes, Marie n'aimait point et ne pouvait aimer les colifichets, si chers d'ordinaire à la vanité féminine.

« Des objets de toilette, non-seulement, suivant la loi qu'elle s'était imposée pour toutes choses, elle n'en demanda jamais ; mais, nous dit sa tante, elle trouvait toujours qu'elle en avait trop, et recherchait constamment ce qui était le plus simple. N'étant encore que fillette, quand je lui disais : « Marie, il faudrait mettre « aujourd'hui telle chose », par exemple un ruban plus joli que celui de la veille, elle m'en apportait un autre quelque peu inférieur, moins voyant surtout, et d'un ton sérieux : « Voudrais-tu permettre, de-« mandait-elle, que celui-ci fût *assez joli?* »

« Elle pouvait avoir treize ou quatorze ans, l'âge auquel les jeunes filles aiment tant ce qui flatte leur coquetterie; elle pleura amèrement, parce que sa marraine voulait lui mettre un bracelet excessivement simple, venant de sa mère. Comme la marraine insistait, Marie finit par dire : « Eh bien! si tu y tiens, « mets-le. » Mais la marraine, voyant sa peine, s'abstint.

« On serait tenté de croire, n'est-ce pas? qu'elle trouvait mauvais que d'autres portassent toutes ces choses qu'elle estimait vaines, et dont elle faisait fi. Non, du tout; jamais elle n'a blâmé ces vanités, ou, si l'on aime mieux, ces faiblesses chez les autres; jamais, du reste, elle n'a blâmé personne.

« Avec cela, elle était toujours gaie, toujours affable, toujours contente de tout et de tout le monde, toujours d'humeur aimable.

« Je ne me rappelle[1] avoir vu de souci sur son front que dans l'un ou l'autre de ces deux cas : ou bien lorsque sa conscience timorée lui faisait craindre d'avoir mal fait, ou, comme je l'ai dit, quand elle s'affligeait des chagrins d'autrui. »

Personne n'a redouté autant que Marie de ressembler à ces saints de mauvais aloi dont saint François de Sales, son saint de prédilection, disait en son spirituel langage : « Un saint triste est un triste saint. »

*
* *

Longtemps Marie crut que Dieu la destinait à continuer dans le monde l'œuvre si précieuse entreprise par sa tante il y a de longues années. Et nombre de personnes ont dû penser également que mademoiselle Duchemin comptait remettre aux mains d'une nièce intelligente, instruite, formée par elle, l'excellente maison qu'elle avait fondée.

Intelligente, certes, Marie l'était, et à un degré rare; on a pu en juger par les nombreux extraits qui donnent à cette courte et simple notice sa saveur la plus suave et son charme le plus sérieux.

Instruite, elle ne l'était pas moins, ayant passé du premier coup avee succès l'examen pour le brevet supérieur, examen dont elle possédait les matières abstruses, compliquées et sans nombre, avec une sûreté telle que, quelques jours avant que Dieu l'eût rappelée

[1] C'est toujours la tante qui parle.

à Lui, elle préparait en un espace de temps incroyablement court au même examen, et faisait recevoir d'emblée une personne déjà âgée qui avait depuis longtemps interrompu ses études.

Et même avant ce temps, à l'heure où elle quittait la première classe, un juge autorisé en matière de mérite intellectuel et dont nul ne contestera la compétence, le savant professeur de l'École des Chartes M. Léon Gautier, qui veut bien prendre sur ses nombreux et graves travaux le temps de donner des leçons de littérature à nos enfants, proclamait Marie *sa meilleure élève.*

Toutefois, si merveilleusement douee que fût la nièce, la tante ne songeait pas à lui confier un jour la pesante charge de l'établissement. Une constitution toujours un peu faible en dépit des soins prodigués, et, plus encore, le besoin qu'éprouvait Marie de ne voir autour d'elle que des visages joyeux, et la violence, manifeste dès le principe, qu'il lui fallait se faire pour arriver à punir, avaient averti mademoiselle Duchemin qu'en se dévouant volontiers et de tout son cœur à l'œuvre des âmes, Marie néanmoins serait malheureuse de luttes sans cesse renaissantes avec les mêmes défauts ramenés par de nouvelles élèves. Marie ignorait ces pressentiments d'une affection clairvoyante et la résolution pleine de sagesse qui en était la conséquence; elle vécut, jusqu'à un âge relativement assez avancé, dans la persuasion qu'elle était appelée, par les circonstances comme par ses aptitudes, à demeurer dans le monde et à s'y livrer à l'enseignement. Telle était encore sa conviction en

1874, à ce grave instant de son existence, le point de partage entre sa vie d'écolière et sa vie de sous-maîtresse, quand elle adressait à Dieu cette prière :

« O doux Jésus! dans quelques mois j'aurai charge d'âmes, et un jour peut-être j'aurai la direction de cette grande maison. Que de grâces me sont déjà nécessaires! Combien plus me seront nécessaires plus tard! Je vais entrer dès à présent dans la vie tout à fait sérieuse, et commencer à vous gagner des cœurs; je vais m'efforcer de former des chrétiennes qui sachent rester fidèles et fermes au milieu du monde et y porter bien haut votre étendard. Bénissez, mon bien-aimé Sauveur, tout cet avenir comme vous avez béni ma vie d'enfant et d'élève; je vous offre toutes les fatigues et les difficultés que j'y rencontrerai; je vous consacre par avance toutes les âmes dont j'aurai à m'occuper. Soyez ma lumière et ma force, mon consolateur dans mes peines et mon guide dans mes embarras; soyez partout et toujours le conseiller et le Maître de celle qui devra gouverner, instruire et former les autres. Faites, ô Maître, ô Père, ô Époux, que, comme un ostensoir d'or, je vous fasse resplendir tout autour de moi par une bonté forte en même temps que douce, par une humilité vraie et, par-dessus tout, par l'amour le plus vif pour votre divin Cœur, auquel je voudrais donner tant de cœurs[1]. »

Néanmoins aussi, dès ce moment, la future maîtresse laissait en même temps échapper des plaintes dans le genre de celle-ci :

[1] *Sentiments de retraite.*

« Tout en étant bien résolue à me donner de toute mon âme à ma sainte mission[1], je n'accepte pas toujours assez courageusement le rôle de Marthe que le bon Dieu m'a départi, et je suis presque tentée de reprocher au divin Maître de ne pas vouloir me mettre au nombre des Maries[2]. »

Et déjà elle avait sollicité de son confesseur l'autorisation de s'enrôler au nombre de ces âmes résolues à mener sur terre la vie des anges ; et cette autorisation lui avait été en effet accordée, mais seulement en partie : l'engagement n'était point irrévocable, et devait être renouvelé à chaque fête de la Très-Sainte Vierge.

Bien que prononcées sans aucun appareil et à voix basse, ces premières promesses, faites le jour de la Présentation, impressionnèrent vivement la jeune âme qui, au fond et nonobstant la restriction imposée, ne se prêtait point seulement, mais se donnait pour tout de bon.

« Enfin est arrivée la Toussaint ; puis le grand jour a lui. C'était le samedi, fête de la Présentation de Notre-Dame, jour anniversaire de ma naissance : pas de messe à la chapelle ; aucun des cantiques que j'avais espérés ; mais Jésus était là, cela suffisait. Je lui ai dit cette parole qui attendait depuis si longtemps l'heure bénie où on lui permettrait de sortir. Je ne me suis pas engagée pour toujours, cela m'était défendu ; mais Jésus sait bien que c'est la même chose. Oui, j'ai dit

[1] L'enseignement d'abord, puis la direction générale de l'institution.
[2] *Sentiments de retraite.*

et je répète à mon Bien-Aimé que je suis son épouse, c'est à-dire que je lui appartiens tout entière, corps et âme, esprit et cœur, volonté et affections. Je me donne à Lui pour être son esclave, sa victime, s'il le veut. Si Jésus veut me donner en partage son calice, je l'accepte; sa croix, je la porterai; sa couronne d'épines, j'en ferai mon diadème de noces. Les souffrances, pour peu que cela plaise au Divin Époux, formeront mon trousseau; les efforts, les sacrifices, les travaux, la lutte composeront ma corbeille. Que Marie, Vierge des vierges, que les Séraphins, que les âmes qui ont été dévorées de la passion de l'amour de Jésus gardent ces promesses et ne me laissent jamais y manquer. Non, c'est trop profond pour passer jamais; je suis à Jésus pour le temps et pour l'éternité[1]. »

A la date du 21 septembre 1875, nous trouvons cette seule note, mais qui, dans sa brièveté, dit tant de choses :

« Dix mois après le grand Jour, et dix fois plus heureuse qu'en ce jour. »

Faisant plus tard, dans l'élan d'une gratitude qui ne peut se taire, un résumé des grâces dont le ciel a comme tissé sa vie, elle revient sur ce vœu, qu'elle estime de toutes les faveurs divines la plus grande :

« O mon Dieu! plus de deux ans se sont écoulés, et il me semble sentir encore toute la joie que me cause la permission accordée; j'en étais comme folle, et, pendant les six mois d'attente, j'ai goûté un bonheur dont je défie bien les plus heureuses fiancées de la terre

[1] *Sentiments de retraite.*

d'approcher jamais. Je comptais les semaines, les jours; je soupirais après ce 21 novembre comme je n'avais pas soupiré après ma première communion... Chère journée où Jésus seul a su tout ce qui se passait en moi, votre souvenir est de plus en plus doux à mesure que la lumière divine pénètre davantage dans mon cœur. Doux moment où j'écrivais, seule et à genoux, le vœu de Lui appartenir[1], vous êtes présent à ma mémoire comme si c'était hier. Dès lors c'en était fait, j'étais donnée, et je puis bien dire que toute ma vie, à partir de ce moment, a été soutenue par la pensée de cette alliance contractée avec Jésus. Cette pensée ne m'a pas quittée : elle m'a rendu le courage dans les moments difficiles; elle a fait la joie de mille beaux jours que l'on peut bien appeler des jours du ciel passés sur la terre; elle m'a rendue plus heureuse que ne pourraient le faire les plus heureuses unions d'ici-bas. »

Bientôt, faisant un pas de plus dans cette voie du renoncement auquel les parfaits seuls sont appelés, Marie voyait son vœu, jusque-là temporaire et révocable, se transformer en un vœu définitif : la fiancée devenait épouse.

La veille du jour où elle allait prendre ce nouvel engagement, l'heureuse jeune vierge écrivait :

« Mon Jésus, c'est donc demain! Demain je pro-

[1] Nous avons retrouvé le texte de ce vœu, tracé de la main toujours correcte de Marie sur une petite pancarte de papier Bristol. Nous ne le donnons pas, parce qu'il n'est que la reproduction à peu près littérale du paragraphe extrait des *Sentiments* e *retraite*

nonce ce *toujours* si rêvé, tant de fois sollicité. Demain nos deux cœurs se fondent à jamais l'un dans l'autre pour ne plus former qu'un cœur. O Jésus! puisse cette perte totale de mon cœur dans le Vôtre, de ma volonté dans la Vôtre, de mes affections dans les Vôtres, être telle qu'il ne reste plus en moi une seule fibre de mon cœur humain! Puissiez-vous accorder à ma foi ardente la grâce d'être véritablement, quoique invisiblement, consumée par les flammes qui s'échappent de Votre Cœur sacré! Puisse chaque seconde de ma vie être un acte d'amour pur, parfait et brûant! Puissé-je vivre d'amour divin, respirer l'amour, rêver d'amour, n'exister que pour l'amour, n'aimer que le Sacré-Cœur, l'Eucharistie, les âmes! Puisse cet amour sacré, allumé dans mon cœur, rivaliser avec celui de vos chastes épouses, les Agnès, les Thérèse, les Marguerite-Marie, ressembler quelque peu à celui de votre divine Mère elle-même, surpasser celui des séraphins! Que cet amour croisse sans cesse, qu'il ne souffre jamais ni affaiblissement ni éclipse; que le cœur qu'il embrasera ne sache jamais dire : Non! Puisse votre divin regard arrêté sur moi me faire mépriser à jamais comme de la boue toute beauté terrestre! Puissé-je ne voir que Vous en toute créature aimée, amies ou parents, et ne désirer ni demander pour les êtres les plus chers que votre amour, rien que votre amour! O Jésus! joie, splendeur et force des saints de la terre, éternel transport des bienheureux du ciel, océan dans lequel s'abîment les anges, donnez-moi, donnez-moi l'amour! L'éternité ne suffit pas à comprendre la grandeur de cette grâce; mais, je vous en conjure, consumez-moi, faites-moi, s'il était possible, mourir d'amour. Que cet ineffable *toujours,* qui va dans quelques heures me lier à Vous, fasse de moi une hostie, un holocauste pour tous ceux qui vous ont aimé et qui ne vous aiment plus ; pour tous ceux qui vous ont connu, loué, adoré, et qui, à cette heure, vous blasphèment ! Que ce *toujours,* qui me donnera à Vous, comme il vous donnera à moi, me fasse accepter tout votre bon plaisir, rien que votre bon plaisir, quel qu'il soit, pour le présent et pour l'avenir, pour le temps et pour l'éternité ! Que ce *toujours* consacre ma vie de maîtresse, si vous l'avez ainsi décidé, afin que je ne voie partout que la gloire de votre Cœur et le bien des âmes ; qu'il vous consacre d'avance, si vous daignez, comme je l'espère bien, m'aplanir les voies, qu'il vous consacre ma vie de religieuse, afin qu'au cloître comme dans le monde, et là même plus qu'ailleurs, je sois amour, rien qu'amour ! Que ce *toujours* soit la consécration de mes derniers instants et de mon éternité tout entière, qui elle même ne sera que la consécration dernière de l'alliance que je vais contracter avec Vous, ô mon Bien-Aimé ! *Toujours !* ô Jésus ! *toujours !* le mot de l'éternité est devenu pour moi celui du temps. *Toujours, toujours ! Amen ! Alleluia !* Merci, mon Dieu : oui, *toujours !*

« Marie Duchemin,

« Enfant de Marie, et demain pauvre petite épouse de Jésus pour *toujours*.

« 3 juin 1876. »

*
* *

Avec les années, les désirs de vie religieuse devinrent plus ardents, et il fut bientôt évident pour le Directeur que, si cette fleur devait s'épanouir un jour, elle ne donnerait tous ses parfums qu'au couvent.

Tout contribuait à faire de Marie une plante ou du ciel ou du cloître. Chose hors de doute, Dieu ne l'avait point formée pour le monde : ses goûts l'en éloignaient de plus en plus. La prière faisait ses plus chères, presque ses uniques délices; sa concentration d'esprit en Dieu lui rendait la vie extérieure pénible et presque impossible.

Il n'y avait point jusqu'aux qualités exceptionnelles dont la Providence avait favorisé la chère jeune maîtresse qui ne lui rendissent moins faciles certaines parties de ses fonctions. Trop bonne, presque trop sainte, elle avait peine à croire à la mauvaise volonté, à la malice; elle jugeait volontiers chaque petite élève d'après les souvenirs de son propre passé : critérium qui ne pouvait être exact, faute de tenir compte chez elle d'une nature manifestement privilégiée, que la grâce avait encore enrichie de ses dons les plus précieux.

Ce n'est pas que Marie ne possédât une raison très-sûre et un tact parfait; en certaines circonstances délicates où il fallait se garder d'un laisser-aller funeste, sans pourtant se livrer à un éclat tout à fait hors de saison, on l'a vue ne point se troubler, ne rien exagérer, tenir, en un mot, la conduite la plus sage, la plus mesurée, la plus discrète.

A vrai dire, le malheur de Marie, son imperfection peut-être unique, en tout cas le seul point qui soulevât parfois un nuage entre son directeur et elle, était sa crainte exagérée de faire de la peine, et son désir non moins excessif de faire plaisir. Elle était obligée, à chaque retraite, de prendre une résolution sous cette forme ou à peu près, mais toujours la même au fond.

« Je ferai mon devoir de maîtresse coûte que coûte; je reprendrai, je punirai même au besoin, bien décidée à faire à mes chères enfants le plus de bien possible, lorsqu'il faudrait pour cela leur faire de la peine. »

Et cette résolution, elle ne parvenait jamais à la tenir, au moins complétement. Après tout, comme son père et son modèle, l'illustre évêque de Genève, que quelques-uns reprenaient de sa trop grande douceur en la correction d'un coupable, elle eût pu répondre à qui lui reprochait son invétérée faiblesse : « Que voulez-vous? je fais tout ce que je puis pour m'armer d'une colère qui ne pèche point; je prends mon cœur à deux mains, et je n'ai pas la force de le leur jeter à la tête [1]. »

De tous les ordres religieux, c'est la Visitation qui avait le plus d'attrait pour Marie; d'abord à cause de la parenté spirituelle qui unissait à l'âme du Saint Fondateur son âme tout à la fois pure, pieuse et douce; puis en raison de la dévotion toute particulière qu'elle

Esprit de saint François de Sales.

portait au Cœur sacré de Jésus et à la bienheureuse Marguerite-Marie, apôtre du divin Cœur ; enfin, pour ce motif plus particulièrement décisif, dans l'esprit du moins de ses supérieurs, que nulles constitutions ne convenaient mieux que celles de la Visitation, tant aux aspirations religieuses de Marie qu'à sa faible santé.

Le cher cahier dans lequel elle épanchait le trop-plein de son âme nous livre incidemment en maint endroit le secret de sa prédilection pour l'Ordre établi par sainte Chantal.

Au retour de l'exil auquel la guerre et le siége de Paris l'avaient condamnée ainsi que ses plus proches, Marie, qui en avait passé à Genève une grande partie, parle ainsi :

« Quelle époque bénie que ces six mois, bénie au point de vue des faveurs spirituelles dont j'ai été comblée, et que de consolations j'ai reçues durant ce temps ! Je me rappelle tant de douces heures écoulées dans ma chère petite église de Saint-François de Sales ; j'entends encore les chants de la grande fête patronale, chants auxquels nous nous sommes associées avec tant de cœur. Est-ce que le bon Dieu n'avait pas ses desseins en me faisant vivre alors sous la puissante protection de mon saint bien-aimé ? Il me semble que toutes les prières que je lui ai adressées m'ont obtenu, avec les grâces que je demandais pour la maison et pour ceux des miens demeurés au centre du péril, l'honneur d'être marquée pour devenir un jour sa fille. »

Quelques pages plus loin, Marie, après avoir dit un mot de l'impression que lui avait fait ressentir la prise d'habit d'une de ses compagnes, entrée au Carmel, fait ce retour sur elle-même :

« Quelle journée j'ai passée le jour de cette vêture! Oh! comme je comprenais le bonheur de la chère novice! Ce sont des choses qu'on ne peut pas dire. Et pourtant, malgré mes aspirations naturelles vers ce qu'il y a de plus ardent, ce n'est pas là que je me sentais appelée. Dès le premier instant, mes pensées se sont portées vers la Visitation : je n'ai jamais balancé un moment; c'est l'Ordre par excellence du Sacré-Cœur, c'est là que je m'offrirai à Jésus. Maintes fois, n'osant pas croire à Sa voix, il m'a semblé néanmoins L'entendre me dire : « Tu m'appartiendras sans ré-« serve, et, enfant de mon Cœur sacré, tu me serviras « en compagnie de celles de mes épouses qui en ont « particulièrement reçu le dépôt. »

Enfin voici en quels termes, prenant à partie le divin Cœur lui-même, elle s'adresse à Lui, prosternée à ses pieds :

« Cœur adorable de mon céleste Époux, c'est à vous que je me donne. Si je pouvais, au prix de mille épreuves, vous gagner des cœurs, vous savez avec quel bonheur je le ferais; si j'étais homme, je m'en irais porter aux peuplades les plus sauvages les flammes du double amour qui vous consume, l'amour de Dieu et l'amour des hommes, et je serais heureuse de mourir pour vous loin de tout ce que j'aime. Mais, ô Jésus, si je ne puis être prêtre, je serai hostie. Ah! ce n'est pas en vain que vous m'appelez dans ce sanctuaire privilégié de votre Cœur sacré, sanctuaire béni où s'alluma la première étincelle d'un feu appelé à embraser le monde. J'aime sans doute en lui-même mon Ordre chéri; j'aime mon bienheureux Père, saint François de Sales; j'aime ma vénérée Mère, sainte Jeanne de Chantal; mais avant tout, par-dessus tout, j'aime le Sacré-Cœur de Jésus; c'est Lui qui m'attire; c'est pour Lui que je quitte tout. »

Aussitôt qu'elle fut sûre de l'appel de Dieu, et qu'elle eut obtenu l'autorisation de répondre, quand le moment serait venu, à cet appel, Marie fit confidence à sa tante d'un projet qui, malgré la foi de cette dernière, ne devait point laisser que de lui briser le cœur. Mais, en chrétienne généreuse, la tante se garda de mettre aucun obstacle ni de soulever aucune objection; elle demanda seulement, requête fort juste, qu'on différât la réalisation de ce dessein jusqu'au moment où elle-même pourrait sans inconvénient se passer d'une collaboration si chère, et naturellement elle pria qu'on gardât, en attendant, le secret.

Secret malaisé à tenir et qui transpirait par tous les pores, au grand remords de la principale intéressée, laquelle se faisait maintes fois scrupule de le trahir bien malgré elle. Sa mansuétude et sa ferveur, tout à fait dignes d'une Visitandine, la rougeur qui lui montait au front quand on prononçait en sa présence le nom de saint François de Sales, comme il arrive à une tendre fille devant qui l'on nomme un père chéri, enfin le pieux désir qui lui vint un jour, désir qu'elle eut soin de faire approuver, de porter une de ces bagues dites alliances, en signe des célestes fiançailles qu'elle avait contractées : en voilà plus qu'il ne fallait pour livrer à quelques yeux plus perçants un dessein dont, après tout, il n'y avait certes point à rougir.

*
* *

Écoutons une dernière fois la tante de Marie, celle qui l'a toujours et si intimement connue, qui l'a toujours et si tendrement aimée.

« Je crois que, depuis le moment où Marie eut le désir d'entrer à la Visitation, elle s'appliqua, autant qu'elle put, à vivre comme au couvent. Non-seulement elle avait une vie réglée, laborieuse, une vie de prière, mais aussi une vie mortifiée selon ses forces et sa position, une vie d'obéissance et de renoncement.

« Fidèle à la pratique évangélique, tant recommandée d'ailleurs par son bon saint [1], elle mangeait tout ce qui se présentait; jamais non plus elle ne se plaignait de la manière dont un mets était préparé. Elle se fût même parfois livrée à des austérités peu compatibles avec sa faible complexion, si l'on n'avait eu soin de lui faire entendre que les mortifications corporelles n'étaient point dans l'esprit de cette si chère Visitation. Pour se dédommager un peu, elle se refusait sans pitié tous les ménagements que réclame la nature et que les meilleurs s'accordent, et endurait sans se plaindre la gêne, la fatigue, les petits malaises qu'il fallait qu'on devinât : « On doit secouer tout « cela », disait-elle.

« Elle ne faisait pas un pas sans en demander la

[1] Voir l'*Esprit de saint François de Sales,* IVe partie, ch. XVII.

permission, et cela jusqu'au jour de sa mort. Elle avait alors plus de vingt-cinq ans et demi, figurait déjà parmi les maîtresses supérieures, et se voyait même associée à sa tante dans la direction générale, comme dans la propriété de la maison.

« Elle ne tenait à rien qu'aux objets de piété qu'elle portait sur elle ; elle ne savait même pas ce qu'elle possédait. Vouée à une sorte de pauvreté volontaire, elle ne voulait point d'argent, excepté pour payer sa chaise à l'église et pour donner aux pauvres.

« Elle fut toujours la personne du devoir. Il a été souvent question dans ces pages du peu de santé de la pauvre fille : il avait fallu beaucoup de ménagements pour l'élever, et il n'est pas rare dans ce cas que les soins donnés au corps soient préjudiciables à l'âme, celle-ci voyant diminuer peu à peu les forces que l'autre est censé acquérir. Marie, au contraire, était douée d'une très-grande énergie. Elle mettait le devoir avant tout, et l'accomplissait coûte que coûte. « On peut tout ce qu'on veut », disait-elle encore.

« Le jour où elle est tombée malade, elle s'est sentie souffrante à deux heures. Sans rien dire à personne, elle s'est acquittée de tout ce qu'il lui restait d'obligatoire à faire ; et, quand elle eut fini, vers quatre heures, ployée en deux, n'en pouvant plus, elle vint me dire qu'elle souffrait beaucoup. On la mit au lit ; moins de vingt et une heures après, elle n'était plus. C'est bien là mourir les armes à la main.

« Tout porte à penser que, sans avoir fait vœu d'accomplir toujours le plus parfait, elle s'y appliquait selon ses forces. Elle venait quelquefois me demander laquelle valait mieux de deux choses à faire qui me paraissaient aussi bonnes l'une que l'autre, et, quand je lui répondais que c'était indifférent, elle réfléchissait, et, avant d'agir, cherchait de quel côté Dieu pouvait préférer la voir pencher.

« Il est à remarquer enfin que son application à bien faire fut constante, sans aucune interruption. Il ne parut jamais que la chère enfant eût des moments de défaillance ; elle alla toujours en avant, progressant toujours. »

Nous compléterons par quelques confidences échappées à Marie, dans le secret de ses entretiens avec Dieu, ces précieux renseignements donnés dans un langage dont la simplicité et le défaut d'apprêt disent assez la sincérité.

L'une de ces résolutions est celle-ci, qu'elle intercale en juin 1877 entre d'autres pensées pieuses, et qu'elle signe de son nom : « Je ne peux pas faire le vœu d'accomplir toujours le plus parfait ; mais je promets à mon Jésus de lui offrir un sacrifice *toutes les fois* que j'en trouverai l'occasion, de marcher *à chaque instant* sur mon orgueil, ma volonté, mon peu d'amour pour la mortification. A Jésus, mon tout, cette résolution à laquelle je serai *éternellement* fidèle. »

Déjà précédemment elle avait dit : « Maintenant je ne veux plus rien avoir à moi. »

Et ailleurs : « Ne me laissez jamais oublier, ô mon Dieu ! que je dois mourir à tout avant de vous appartenir. Comme le petit grain de froment qui, après avoir pourri en terre, devient la matière du pain eucharistique et est changé au corps de Jésus, il faut que je me laisse broyer, pétrir, purifier au bon plaisir de mon Dieu, la Beauté et l'Amour infinis. »

Et encore : « *Dès cette minute*, ô Jésus ! j'accepte avec amour la couronne d'épines et le fer de la lance, fleurs d'oranger de vos Épouses et leur bouquet de noces ; et je désavoue d'avance toute parole de frayeur ou d'étonnement que pourra laisser échapper la nature. C'est fait, mon Dieu ! Désormais toute souffrance, toute mortification petite ou grande, j'y veux répondre par un *alleluia*, et ne la confier à d'autres qu'à vous que lorsqu'il me sera impossible de faire autrement.

Ah ! puisse, au dernier jour de mon pèlerinage,
La mort, en me frappant, trouver en moi l'image
D'un Dieu crucifié ! »

Ce dernier vœu devait être cruellement et presque littéralement exaucé.

Mais Dieu, avant d'achever de purifier la fervente, l'admirable jeune chrétienne, comme aussi avant de lui accorder l'éternelle récompense et l'éternel repos, voulut la faire jouir, dès ici-bas, d'une de ces joies d'âme qui avaient seules le privilége de combler son cœur aimant et pieux. On n'a pas oublié ce souhait formé par elle : « Donnez-moi de faire un peu de bien dans ma vie, ô Jésus ! et quand je n'aurais fait comprendre *qu'à une seule âme*[1] combien vous êtes aimable, je m'estimerais mille fois heureuse. » Répétant ce vœu

[1] Le mot est souligné par Marie.

sous une forme peu différente, elle s'etait également écriée : « Puissé-je vous gagner dans ma vie une âme, oui, ne fût-ce qu'une seule âme[1] ! »

Or, le jeudi 29 mai, jour où se faisait à la pension le renouvellement solennel de la première communion, deux âmes s'assirent à la Table sainte, qui, à des degrés divers, devaient chacune beaucoup aux bons soins et, si nous osons nous servir de ce terme, au zèle apostolique de Marie. L'une, une jeune Brésilienne, de passage à Paris, adulte et déjà même fiancée (bien qu'elle n'eût encore pris part qu'une seule fois au Banquet sacré), ayant été instruite et préparée par notre zélée catéchiste, voyait Jésus venir à elle pour la seconde fois, et se disposait à recevoir peu de jours après le sacrement de confirmation. L'autre, une étrangère aussi, élevée loin de notre France et en dehors de notre religion sainte, mais depuis longtemps touchée de la grâce, catéchisée, réchauffée, enflammée par les instructions, les avis et les prières du même bon ange, après avoir fait la veille son abjuration, avoir été admise sous condition au baptême, et avoir reçu pour la première fois l'absolution, s'avançait radieuse vers le saint autel pour s'y nourrir, pour la première fois aussi, du pain Eucharistique. Marie surabondait d'allégresse; son vœu était dépassé; rien qu'en un seul jour elle avait eu le bonheur de faire goûter à *deux âmes* toute l'amabilité de son Jésus.

Sentiments de retraite.

*
* *

Moins de deux mois après, et sans que rien pût faire prévoir l'événement que nous n'osons plus appeler douloureux depuis que nous savons pourquoi le bon Dieu l'a permis, la chère petite sainte (quel autre nom lui donner?) allait voir se lever l'heure « où, pour employer une de ses expressions, se dresserait pour elle la table du festin des noces éternelles, et où, vêtue de la robe nuptiale et l'anneau au doigt, elle s'asseoirait pour les siècles des siècles aux côtés du céleste Epoux ».

Au rapport de ceux qui l'approchaient de plus près et qui, en ces tristes moments, sont demeurés rivés à son chevet, la maladie n'ayant duré que quelques heures, et la mourante n'ayant pas vu clairement le danger, il ne s'est rien passé de bien particulier. Dans les crises d'extrêmes souffrances elle disait : « Mon Dieu, je vous aime tant! mon Dieu, je vous aime tant! » Ou bien encore : « Mon Jésus, ma bonne Sainte Vierge! »

Quelqu'un a cru l'entendre murmurer une fois à voix basse : « Mon Dieu, tout ce que vous voudrez; la mort, si vous voulez. » Le mot, s'il a été réellement prononcé, donnerait à croire qu'en proie alors à d'intolérables douleurs physiques, la malade, en ce moment du moins, a comme entrevu dans une fugitive lueur la mort prête à briser ses rêves les plus caressés et à lui ravir la joie de vêtir l'habit des filles de saint François de Sales et de sainte Jeanne de Chantal.

Marie, en accueillant, le visage serein, l'austère visiteuse, ne faisait que renouveler et confirmer l'offrande de sa vie, faite quelques mois auparavant. Mais cet acte de résignation n'implique pas qu'elle eût une conscience nette de la gravité de son état. Le lendemain matin, quand les douleurs eurent cessé, elle rentra dans un calme recueilli qui, joint à quelques paroles échappées de ses lèvres, ressemblait à la sécurité; elle n'en sortit plus jusqu'au moment où elle s'endormit doucement dans le Seigneur, sans agonie.

Ah! si du moins la rapidité inouïe du mal ne nous eût pas ravi le temps de donner le saint viatique à la pauvre chère mourante! Admise depuis plusieurs années à la communion quotidienne, et ayant eu la consolation de recevoir la veille encore le Sauveur, il y avait peut-être longtemps qu'un jour de sa vie ne s'était écoulé sans la divine nourriture. Pourquoi a-t-il fallu que ce jour fût le jour de sa mort?

Quelque chose ajoute à ce regret : c'est qu'au nombre des grâces qu'elle suppliait le Ciel de ne point lui refuser, si son existence devait finir bientôt, se trouvait, à côté de la grâce de mourir religieuse, et de celle d'être morte auparavant à elle-même et à sa volonté propre, la grâce de voir « la sainte Eucharistie, après avoir fait le bonheur de sa vie, faire la consolation de ses derniers instants ». « Si vous daignez, ajoute-t-elle, exaucer ces trois prières, ô Jésus! ma mort sera heureuse comme le soir de mes beaux jours de fête; elle sera un doux sommeil, pris sur votre Cœur sacré. » Des trois prières, une seule a été exaucée, celle qui dépendait d'elle et de ses généreux efforts. Par bonheur, la supplique se termine par cette consolante parole d'abandon : « Quoi qu'il en soit, ô mon Jésus! à vous cette heure suprême; faites que mon dernier soupir soit un soupir d'amour! »

Et d'ailleurs, puisque l'épouse devait se transformer en victime, et mourir immolée, non-seulement sa mort ne pouvait, ne devait pas être douce, mais il convenait qu'elle fût dépourvue de ce qui pouvait la consoler et la charmer. L'adorable victime, dont les autres hosties ne sont jamais, quoi qu'elles fassent, que des copies bien pâles, n'en a-t-elle pas été elle-même réduite, dans le délaissement amer auquel semblait la condamner le Ciel, à pousser ce cri d'angoisse : *Dieu, mon Dieu, pourquoi m'avez-vous abandonné?*

Et puis qu'importent les circonstances plus ou moins douloureuses qui précèdent ou accompagnent le dernier soupir; que fait une mort plus ou moins consolée ou, selon la nature, plus ou moins amère, lorsqu'on a écrit sur la douleur, sur la mort, le purgatoire et l'éternité, des pages comme celles que le lecteur va lire?

« Quand on aime le bon Dieu comme les saints savaient l'aimer, quand on ne voit partout que Jésus, plus on souffre, plus on lui ressemble; plus on lui ressemble, plus on l'aime; plus on l'aime, plus on est heureuse[1].

« On nous a parlé de la mort ce soir; c'était bien terrible; mais il me semble que je n'ai pas peur de la

[1] *Sentiments de retraite.*

mort, quand je vois le ciel derrière. Oh! si j'ai vraiment aimé Jésus de tout cœur en ce monde, la mort ne sera-t-elle pas la cohabitation sans fin sous le toit du Père, le déchirement des voiles qui me cachent ici-bas la beauté de l'Époux, l'abandon joyeux de toutes les petites et infimes créatures pour entrer à jamais dans la possession du Créateur?

« O Jésus! laissez-moi vous offrir comme un dernier acte d'amour, couronnant tous les autres, l'heure suprême et mon dernier soupir. Que l'amour, après m'avoir consumée toute ma vie, brise enfin mes liens, et me jette pour l'éternité dans le brasier de votre Cœur!

« Que sera ma mort, ô Jésus? Je l'ignore; mais lente ou prompte, lumineuse ou obscure, elle ne sera qu'un cri d'amour vers votre divin Cœur, avant de me perdre éternellement en Lui. Longtemps j'avais rêvé de mourir au milieu des joies d'une action de grâces [1], de passer de vos bras sur la terre à vos bras dans le ciel; maintenant, ô Jésus! je rêve plus encore : si je pouvais donner ma vie pour vous et conquérir ainsi ma part du ciel; ou si, minée peu à peu par votre amour,

[1] Durant la retraite de 1872, Marie adressait en effet cette prière à Notre-Seigneur : « Que je serais heureuse de mourir dans l'action de grâces d'une communion, un jour de fête du Saint-Sacrement ou de la Sainte Vierge! » Pour ce dernier désir, celui de mourir un jour de fête, il a été accompli; mais suivait cet autre souhait qui devait être renouvelé, on vient de le voir, une fois encore, et vainement, hélas! « O mon Jésus! je vous supplie de m'accorder la grâce de vous recevoir en viatique avant d'expirer! O Dieu de ma première Communion, vous reviendrez n'est-ce pas? dans mon cœur, quand je serai sur le point de paraître devant vous! »

j'avais l'inappreciable bonheur de mourir de vous, ô mon Dieu! A la vérité je sais mon indignité; aussi, sans m'arrêter à des visées trop ambitieuses peut-être, je me contenterai de vous dire et de vous répéter : A vous le dernier soupir de ma vie, dernier acte d'amour du temps, suivi aussitôt du premier acte d'amour de l'éternité; à vous tous les brûlants actes d'amour que je ferai au milieu des flammes du purgatoire; à vous surtout, divin Cœur de Jésus, le chant d'action de grâces de mon entrée au ciel; à vous les siècles sans cesse renaissants d'une éternité d'amour. Que votre divin Cœur, ô Jésus, contemplé, adoré, aimé sans mesure, soit à jamais tout mon ciel, après avoir été toute ma vie ici-bas! Ainsi soit-il.

« Le purgatoire, ô mon Dieu! vous savez si j'en pressens le martyre; je donnerais tout pour n'y pas rester longtemps. Cependant je ne le redoute pas trop, lui, non plus; car au moins là, Jésus, on vous aimera d'amour.

« O Éternité, insondable mystère qui n'a d'égal que l'insondable abîme de l'amour de mon Dieu! Siècles sans fin qui ne serez pour les bienheureux qu'un acte continuel de l'amour le plus pur, mon cœur se perd en vous; mais ma raison ne tremble pas devant vous. Union ineffable, vision sans pareille, amour dont les flammes de la terre ne sont pas même une ombre, quand vous posséderai-je? Oh! aimer mon Jésus, aimer pendant une éternité, et voir passer les siècles comme des secondes au sein de cet océan d'amour! Quel rêve! et bientôt ce sera la réalité! De grâce, Jésus, hâtez l'heureux moment; car, si l'éternité est à

Vous, mon cœur, à moi faible et mortelle, languit dans l'attente de ce jour! »

Quand le bruit se répandit dans le pensionnat du trépas soudain de la chère jeune fille, ce fut une stupeur générale parmi les élèves et les maîtresses. Personne qui ne plaignît amèrement la malheureuse famille, et surtout cette tante au cœur de mère qui se voyait enlever tout à coup son enfant chérie; mais personne aussi qui ne s'écriât : Oh! pour la chère morte, elle est bien heureuse; elle était si pieuse, si parfaite, si digne d'aller prendre place parmi les vierges qui suivent de plus près l'Agneau!

Née un jour de fête de la Très-Sainte Vierge, Marie a quitté la terre un autre jour de fête de sa céleste Mère, le mercredi 16 juillet, fête de Notre-Dame du Mont-Carmel. Marie ayant offert sa vie pour les Ordres religieux, n'était-il pas, en quelque sorte, juste que la glorieuse patronne d'un des plus grands ordres se chargeât de l'introduire parmi les bienheureux?

Membre fidèle de l'association des Enfants de Marie, la nouvelle élue voyait ainsi la Reine du Ciel lui ouvrir elle-même les portes de son royaume.

Que dire des funérailles, sinon qu'elles furent un vrai triomphe, triomphe pacifique, triomphe modeste, — cela va de soi — mais bien réel? le mot, d'ailleurs, était dans toutes les bouches. Cette jeune fille obscure, hier encore inconnue hors de l'étroite enceinte où s'était écoulée son existence, on lui a fait un cortége si nombreux, si touchant, si beau, que cela ressemblait bien plus à quelque procession de fidèles, escortant les dépouilles sacrées d'une jeune vierge, qu'à un convoi d'amis ou de parents désolés, accompagnant une morte à sa dernière demeure. On voit rarement pareil concours, même pour des morts à coup sûr plus illustres; plusieurs n'avaient pas attendu pour venir d'être officiellement convoqués; d'anciennes compagnes, prévenues à temps, étaient accourues du fond de la province. Mais ce qui donnait à ces funérailles bénies leur véritable caractère, et leur prêtait même un air de fête, c'était la profusion de bouquets et de couronnes, en fleurs blanches naturelles, lys, fleurs d'oranger, lilas, muguet, etc.; bouquets portés à la main par les Enfants de Marie, par les Enfants des Saints-Anges, par la pension entière; couronnes posées sur le cercueil, recouvrant le catafalque, suspendues au char funèbre et destinées, la cérémonie achevée, à être enfouies par monceaux dans la tombe, pour y former, autour de la chère dépouille, un lit parfumé et brillant. Chacun, par cet hommage tout spontané et si gracieux, avait tenu à donner à Marie, fleur de la terre prématurément transplantée dans les jardins célestes, une preuve dernière et publique d'affection. Sur tout le parcours, les fenêtres s'ouvraient, et des regards émus s'arrêtaient avec sympathie sur ce blanc corbillard suivi d'une longue file de jeunes filles silencieuses et recueillies. A l'église, la grande nef, toute blanche et toute fraîche elle aussi [1], se remplit et fut bientôt comble; et les chants commencèrent, chants suaves, presque sans tristesse, et tels qu'ils convenaient à celle qui du haut du ciel, mêlée déjà aux concerts des anges, suivait sans doute avec une joie capable d'ajouter à son bonheur toutes les phases d'une cérémonie si bien dans ses goûts.

Au cimetière où, malgré la pluie, se pressait encore une foule sympathique, il n'y eut point de paroles dites sur la tombe, et point d'autre oraison funèbre que les larmes, dont le ministre des dernières prières lui-même ne put s'empêcher de donner le signal, et qui en un instant eurent inondé tous les yeux. Aussi bien, quel panégyrique pouvait en dire autant que d'unanimes sanglots?

Un vieil ami de Marie, un ancien maître, son professeur d'anglais, aurait cependant désiré adresser à son élève un dernier, un paternel adieu. Bien qu'elle n'ait pas été prononcée, il nous est doux de reproduire cette allocution touchante, qui honore autant celui qui en avait eu la pensée que celle qui en était l'objet :

« Les personnes qui me connaissent ne seront pas étonnées que j'aie demandé à dire quelques mots sur cette tombe encore ouverte. Il y a longtemps que j'ai appris à aimer Marie Duchemin. Elle a été mon élève, et jamais maître n'a eu élève plus intelligente, plus studieuse, plus reconnaissante des soins qu'on lui donnait. Elle a été la compagne de ma fille et de beaucoup d'autres parmi celles qui m'entourent, et jamais com-

[1] L'église de Notre-Dame des Champs est, comme on sait, récemment construite.

pagne ne s'est montrée d'une humeur plus égale, d'une amitié plus sûre et en même temps plus discrète, d'une obligeance plus prompte et plus entière. Elle était votre maîtresse à vous, jeunes filles, et jamais maîtresse n'a été plus douce, plus bienveillante, plus dévouée. Elle était aimée de vous toutes : Qui est-ce qui n'aimait pas Marie? est le cri général. Aussi vous apportez ici vos pleurs, et vous emporterez avec vous vos regrets, et vous garderez dans vos cœurs son souvenir.

« Mais il y en a ici dont les pleurs sont plus amers que les vôtres, dont les regrets sont plus profonds et qui garderont de Marie Duchemin un souvenir ineffaçable. Leur douleur, à elles, serait le désespoir, si elles n'avaient la foi chrétienne, qui leur dit que Marie est heureuse, recueillie dans le sein de Dieu, qu'elle les voit et qu'elle les bénit. Sans cette foi, qui pourrait apaiser la douleur de mademoiselle Durand qui a guidé les premiers pas de Marie dans la voie du savoir éclairé qu'elle possédait si bien et que déjà elle vous communiquait avec tant de clarté? Qui consolerait sa sœur Henriette qu'elle aimait tant, et qui la chérissait d'un si profond amour? Je ne parlerai pas de ces maîtresses si anciennes dans la maison et qui l'avaient vue grandir, ni du digne prêtre qui l'avait si tendrement préparée, dès sa plus jeune enfance, pour ce royaume céleste où elle est déjà entrée, ni de sa marraine qu'elle entourait de tant de prévenances, et pour qui elle prie maintenant.

« Mais, dites-moi, n'est-ce pas cette foi ardente et profonde qui soutient sa tante, votre vénérée maîtresse, celle pour qui Marie était presque tout sur terre, dont elle représentait l'avenir dans ce monde, qui comptait sur elle[1] pour continuer cette maison à laquelle elle a consacré sa vie tout entière, où vous avez reçu, où vous recevez cette instruction, ces pieuses leçons, cette parfaite éducation qui font de vous le bonheur de vos familles? Voyez-la, calme et courageuse! Elle est ici, elle m'écoute; elle sait que celle qui l'aimait tant est heureuse; elle sait qu'elle la reverra un jour; et elle dit les paroles du saint livre : « Le Seigneur me l'avait donnée, le Seigneur me « l'a ôtée; que son saint nom soit béni! »

« Adieu, Marie! adieu au nom de tous! »

Nous étonnerons nos lecteurs en leur confiant (ce sera notre dernier mot) que cet orateur à la parole si chrétienne, disons mieux, à l'accent si catholique, n'appartient pas à notre Église. Puisse Dieu récompenser cette âme si digne d'entrer dans le plein jour de la lumière, en lui faisant partager la foi de celle qu'il a si bien louée! Puisse Marie, reconnaissante, obtenir cette grâce du Maître divin, Docteur infaillible qui seul a pu la rendre elle-même si parfaite!

[1] On a vu plus haut que, malgré la persuasion générale, la tante, qui sait par une longue expérience la lourdeur de la tâche n'avait jamais songé à en imposer le fardeau aux épaules, physiquement trop faibles, de sa nièce.

PARIS. TYPOGRAPHIE DE E. PLON ET Cie, RUE GARANCIÈRE, 8.

www.ingramcontent.com/pod-product-compliance
Ingram Content Group UK Ltd.
Pitfield, Milton Keynes, MK11 3LW, UK
UKHW021125260726
13994UKWH00002B/992

9 782329 471273